中国人文之旅

青岛

宣庆坤 郭艳 编著

时代出版传媒股份有限公司
安徽科学技术出版社

图书在版编目(CIP)数据

中国人文之旅.青岛 / 宣庆坤,郭艳编著.--合肥:安徽科学技术出版社,2016.10(2024.3 重印)
ISBN 978-7-5337-6862-1

Ⅰ.①中… Ⅱ.①宣…②郭… Ⅲ.①旅游指南-青岛市 Ⅳ.①K928.9

中国版本图书馆 CIP 数据核字(2015)第 306649 号

ZHONGGUO RENWEN ZHI LU QINGDAO
中国人文之旅 青岛

宣庆坤 郭 艳 编著

出 版 人:王筱文   选题策划:王 勇   责任编辑:王 勇
责任校对:陈会兰   责任印制:梁东兵   封面设计:数码创意
出版发行:安徽科学技术出版社   http://www.ahstp.net
(合肥市政务文化新区翡翠路 1118 号出版传媒广场,邮编:230071)
电话:(0551)63533330
印   制:永清县晔盛亚胶印有限公司   电话:(0316)6658662
(如发现印装质量问题,影响阅读,请与印刷厂商联系调换)

开本:710×1010 1/16   印张:15   字数:288 千
版次:2016 年 10 月第 1 版   2024 年 3 月第 2 次印刷

ISBN 978-7-5337-6862-1   定价:78.00 元

从20世纪初开始，青岛由一处军事重镇、商埠逐步发展成为城市。并以其优美的自然环境、适宜的气候成为国内最早的避暑胜地。二三十年代，国内一大批学者、文化界人士云集青岛，使得青岛成为当时中国的文化重镇。同时，国内的达官显贵及外国商人也进入青岛，活跃了青岛的工业、商业和建筑业。不同国籍、不同地域的文化在这里产生碰撞和融汇，为青岛初期的城市建设构筑了特定的理念。半个多世纪中，"碧海、蓝天、绿树、红瓦、黄墙"及依山就势、鳞次栉比的优美建筑成为青岛独占鳌头的风光特色，青岛因此成为享誉海内外的著名旅游胜地。

青岛位于山东半岛南端，依山傍海，风光秀丽，气候宜人，是一座独具特色的海滨城市，也是中国东部重要的海滨城市。青岛还是中国重要的经济中心城市和港口城市，国家历史文化名城和风景旅游胜地。

这里旅游资源丰富，她濒临黄海，环抱胶州湾，绿树红瓦、沙滩细浪、宗教民俗构成了青岛美丽的风景线。海滨的明珠，建筑的经典，还有飘香的啤酒，这就是青岛的写照。来到这里，你可以看到繁华的城市建筑，也可以看到美丽优雅的自然景观，优越的地理位置再加上浓厚的人文气息，使得这里吸引了大量的游客。

　　青岛全年气温最高只有25.1℃，所以被人称为"避暑胜地""夏季的天堂"。其地岬湾相间，沙软滩平，海岸曲折，城伴海生，海增城色。崂山，山险峰秀，空旷幽远，鬼斧神工；八大处欧式建筑，造型别致，红顶石墙，精巧玲珑，各具风韵；宗教建筑别具韵味，市区的天主教堂、崂山的道观庙院、珠山佛寺尼庵，其建筑造型迥异，气氛庄严肃穆、空灵圣洁；名人故居多而密集，国内罕见民俗景点分布广、传统悠久、种类繁多、民族文化底蕴深厚；历史文物古迹遍布各辖区，使青岛更加古朴凝重、清幽典雅。

　　到青岛旅游，在欣赏美丽的海滨风情的同时还能品尝美味的海鲜，一举两得。这里的美食众多，精致的面食，鲜美的海味，传统的鲁菜，还有来自各地的特色美食在这里都能找到。在青岛，闲暇时吃上点精致的面食小吃，正餐点上一两个正宗鲁菜，加上一个海鲜，品青岛啤酒，足可享受怡然快乐的生活。

目 录
CONTENTS

第7章　人生惬意尽在此

第8章　食色青岛，美滋美味

第9章　一路追随岛城的气息

第10章　曲艺的明天，曙光再现

附录

第 1 章

海上青岛，青春之城

历史的步伐——从不停歇地行进

青岛地区历史悠久，著名文化遗址有岳石文化遗址、北阡遗址、三里河文化遗址、琅琊台文化遗址，均为全国重点文物保护单位。

　　在我国山东省的东部，有一个美丽的地方。它三面环海、风清气爽，引人入胜，有度假天堂、滨海明珠、青春之城等称号，获得了一个又一个荣誉。它就是青岛市。

　　来到这里，你可以看到繁华的城市建筑、美丽优雅的自然景观，感受浓厚的人文气息。然而，在旧中国，她却饱经沧桑，曾经被德国、日本、美国占据长达半个世纪之久。也正因为有如此的经历，才使它让我们更加珍惜她的美好今天。下面让我们一起走进青岛的世界，探究这座岛城的发展历程。

　　青岛市是我国古代文化的发祥地之一。早在6 000多年前，这里已有了人类的生存和繁衍。到了东周时期便建立了当时山东地区第二大市镇——即墨。秦始皇统一中国后，也曾三次登临现位于青岛胶南市的琅琊台，并派徐福率船队

观光索道

青岛夜景

由琅琊山起航东渡日本求取长生不老的药。到了汉武帝时期，又在现青岛市城阳区的不其山"祀神人于交门宫"，胶州湾畔女姑山祭天拜祖设立明堂9所。隋唐时期，随着海运的发展，青岛地域的对外贸易地位逐渐显现，出现了重要的海港——板桥镇，此时崂山道教也逐渐开始兴盛起来。元朝为方便海运漕粮，开凿了中国唯一的海运河——纵贯山东半岛的胶莱运河。至清朝末年，青岛已发展成为一个繁华市镇，昔称胶澳。

1891年6月14日，清政府调登州总兵章高元移驻青岛口，标志着青岛市建制的开始。青岛设置后，清军即在此修筑炮台，至今仍留有青岛山炮台遗址。第一次世界大战结束后，1919年英、美、法等国在巴黎召开"和会"，不顾中国人民的强烈反对，将青岛的主权和山东的权益一概交给日本，于是在中国近代史上爆发了轰轰烈烈的五四爱国运动。为纪念该运动，青岛修建了五四广场，该广场现已成为青岛的新标志。1922年12月，中日签订了《解决山东悬案条约》及《附件》，同年12月10日，当时的北洋军阀政府正式收回青岛主权。1929年7月，设青岛特别市。1930年，改称青岛市。1938年1月，日本再次侵占青岛，直到抗战胜利后，青岛被国民党政府接管并在此建立海军基地，该基地上现已建海军博物馆。1994年青岛市被列为全国15个副省级城市之一。2008年，青岛举办奥帆赛，并被誉为"帆船之都"。

青岛的历史虽然很悠久，但是作为城市建设的历史却只有短短的百年。在这短短的百年时间里，她由一座海边的小小渔村，变成了现在的这座富有魅力的大都市，不得不令人赞叹她的发展之快、之繁荣。

这个夏天将青岛打包吧！

青岛，由于它的夏季而闻名于世，由于它的夏季而成为国内外著名的旅游避暑胜地。领略了青岛夏季的景致，你便领略了青岛撩人心魄的美丽。

　　到了青岛，你一定会爱上这里的风景的。在这里即使你什么都不做，就在海边吹吹风，听听海浪的声音，看看翻涌的波涛，也一定会爱上青岛。青岛就是这样一个可以不声不响就让你爱上的地方。

沙滩嬉戏

　　盛夏酷暑，我国许多地方出现令人难耐的高温，而青岛这个海滨城市最热的月份，平均气温也仅为25.3℃。一时间，国内外游客便向这个城市蜂拥而来。

　　海风的吹拂使人们凉爽舒坦了许多，但是，降温消暑的最好办法还是扑向大海。于是青岛市从第一海水浴场到第六海水浴场，以及新建的石老人海水浴场，一下子都热闹起来。许多人久久地呆在海水里不愿意出来，感受那透彻心脾的凉意。海滩上更是人员密集，从远处看去，黑压压的一片；近处一看，也是泳者和游者交融一起。在海水中过足了瘾的人们便走上岸来，直直地躺在沙滩上，享受着阳光的亲吻和海风的抚摩。

　　那里的阳光经过海雾的浸润变得异常轻柔，为浮躁的都市笼罩了一层闲适与淡定；那里的人们出门后不管往哪个方向走，最终都来到海边。在面朝大海，春暖花开之时，使得心灵得到安抚。海就在青岛人的左边，右边，假如他们愿意，一抬手就可以掬起一捧咸味的海水。

　　青岛，这个作为城市最具形式感的美，蓝色的海，红屋顶的房子，绿色的树，伫立在海边，随地势而建的欧式房子有一种如真似幻的美，海边浪涛声，带着蓝色的气息，向人们飘来；兀立在海边的褐色礁石和矗立在蔚蓝海面上的岛屿，也为青岛增添了几分粗粝的美。触摸青岛也许只能在零散的印象中感受着百年青岛的风雨变幻，在抚摸细节中一点一点扩展着关于青岛的想象。一道颓废的栏杆，一扇锈迹斑斑的铁门，一堵爬满青藤的墙，注定蕴含着沧桑的往事。

　　青岛，如同一个阔别已久的恋人，任谁踏上这里，都会被她的美丽深深吸引。在这里，人们都会好奇地等待，希望下个路口转弯出现的就是另一番奇景。当你漫步于青岛时，吹着徐徐的海风，嗅着海里鱼虾的味道，让人深深沉醉。

海的味道，美的享受

青岛不仅景色优美，小吃也是很有特色的，尤其海鲜和啤酒，真正的"海""鲜"，啤酒也是全国有名的。吃海鲜、烤肉，"喝啤酒"是青岛人典型的生活特征。

青岛位于物产丰富的黄海之滨，其烹饪原料主要以海产为主。青岛盛产名贵的海参、扇贝、鲍鱼、海螺、梭蟹、石夹红蟹、鲅鱼、黄花鱼、琵琶虾(撒尿虾)、大对虾、加吉鱼等，这就决定了青岛烹饪以海味原料为主的特点。青岛有北方特色的海鲜大席，也有山东各种特色的风味小吃。面食铺天盖地，饺子热气腾腾。青岛名厨云集，山珍海味集中，又有誉满海内外的青岛啤酒和崂山矿泉水佐餐，滋味真是妙不可言！

如果来了青岛却没有去喝啤酒那就太可惜了。在这里，到处都有卖啤酒的，当地人一般喜欢在马路边上喝或是在外面买几斤桶装的啤酒回家喝。游客可以找个餐馆点几个小菜，边吃边喝，经济富裕的可以找那种有特色菜的地方，但是，要记住目的不是为了吃菜，而是单纯地喝青岛啤酒。如果时间充裕有兴致的话，也可以找个酒吧，一边狂欢一边喝。总之，来到青岛你一定会看到以各种形式卖啤酒的。挑选自己喜欢的方式，找个地方，痛痛快快地喝上一顿，这才算来过青岛。

喝啤酒的时候，最好要吃点海鲜。吃海鲜不一定要吃最贵的，但一定要吃最好的。辣炒蛤蜊可以算是青岛最著名的海鲜了，它肉质鲜嫩，加上辣椒的香气爆炒一下，香气扑鼻，绝对是相当的美味。还有烤鱼、炒海螺、大对虾，都是下酒的美味。

除了吃的喝的，青岛也有很美的好东西可以带走，那就是用各种美丽的贝壳做成的工艺品，这些都非常漂亮，送亲友很有意义。在青岛，贝壳不单单被加工成工艺品，还有很多被做成了贝雕。贝雕一般以珍稀的螺壳为原料，结合石雕、玉雕的工艺，雕成人物、花鸟、虫兽等各种形状的作品。

第 2 章

恋恋半岛，漫步海滨

小青岛——琴屿飘灯

小青岛，原名青岛，面积0.024平方千米，海拔17米。这里原是陆地的一部分，在海浪长年累月的冲蚀雕琢下，渐与陆地分离，形成今日之状。

胶州湾入海口北侧的青岛湾内，有一个叫小青岛的地方，可以说它是青岛的缩影，也可以说它才是真正的"青岛"。

当年德国强占胶州岛后，将其占领区定名为"青岛"，就是根据此岛而命名。这海中孤屿被德人称为"阿克那岛"，德派兵驻守。日占青岛后，称其为"加藤岛"，但当地居民习惯称之为"小青岛"。 其形状如同一把古琴，故又有"琴岛"之称。

传说，很早以前，有位弹琴的仙女爱上了一个打渔的小伙子。于是，她悄悄来到人间，与打渔小伙子结为夫妻。每当丈夫出海的时候，她就坐在小岛上弹琴，用琴声为爱人导航。后来玉皇大帝知晓此事，欲捉琴女回去，琴女对爱情至死不渝，想要终身陪伴在爱人身边，最后徇情在小岛上，那琴声至今仍萦绕在小岛周围。这段古老的神话故事，凄美动听，感动着一代代艺术家。为纪念琴女，艺术家们发挥想象力制作了一尊琴女雕塑，雕像线条流畅，形象逼真，被定为青岛的象征。小青岛上，黑松遍布，花木扶疏，其中盛开的黄色百合非常少见，这种百合被命名为"青岛百合"。

1898年，德国租占胶州后，在岛上建起了灯塔。新中国成立后，中国海军快艇支队进驻，并对灯塔进行了大规模的整修。现塔高15.5米，塔身白色，呈八角形，是国内外船只进出胶州湾的重要标识物。每当夜幕降临以后，塔上的红灯与栈桥上的灯光在碧波上浮动，构成了一幅美妙图画，此处被誉为"琴屿飘灯"，是青岛十大景观之一，同时也是青岛市的标志之一。

一景

　　小青岛早在20世纪30年代初就已辟为公园，设有茶厅、花圃、石凳、石椅，并辟建道路，修筑游艇码头。日本二次侵占青岛后，它一度成为日军军事基地，并于1942年修筑了堤坝，与陆地相连，成为陆连岛。自抗战胜利到新中国成立后小青岛一直由部队驻守。1988年夏季，小青岛再度被辟为公园，经重新规划建设，成为前海又一处旅游景点。

琴女雕塑

灯塔

门票： 11月1日—3月31日，票价10元；4月1日—10月31日，票价15元。

开放时间： 11月1日—3月31日 8：00—17：00；4月1日—10月31日 7：30—18：00。

交通导航： 可乘坐6路、26路、202路、214路、223路、228路、231路、304路、311路、312路、316路、321路、501路或都市观光1号线、机场巴士2号线、隧道2路、隧道6路车，到鲁迅公园（又名海底世界站）下车。

崂山——海上第一名山

崂山又称劳山、牢山、鳌山等，耸立在黄海之滨，是山东半岛的主要山脉。崂山的主峰名为"巨峰"，又称"崂顶"，海拔1132.7米，是我国海岸线第一高峰，有着海上"第一名山"之称。

在全国的名山中，唯有崂山是在海边拔地崛起的。绕崂山的海岸线长达87千米，沿海大小岛屿18个，构成了崂山的海上奇观。当地有一句古语："泰山虽云高，不如东海崂。"

崂山原来并不叫这个名字，而是另一个谐音相似的称呼"鳌山"。据说在很久以前，茫茫东海之滨，无山无岭，方圆百里都是一马平川的草地。而在这一望无际的草原上，坐落着大大小小半百个村庄。这东海滩上住着的人，有的靠开荒种粮糊口，有的靠打鱼捞虾谋生，一家人各有分工，过着不愁吃喝、无忧无虑的幸福生活。直到有一年，祸从天降，东海里突然冒出一只有十万年道行的鳌鱼。据说这个鳌鱼巨大无比，它的身子一浮，东海里就现出一个岛屿；尾巴一翘，东海里就凭空竖起个高高的"海岛"；四只脚一趴，东海里就掀起万顷波浪；咧开大嘴喝一口水，东海边就落一次大潮。鳌鱼造成海上天气的异变，使得人们再也无法下海打渔，对此头疼不已。靠海边的王家庄里住着一对艺高胆大的兄妹，哥哥名叫大智，20岁出头，妹妹名叫大勇，刚刚18岁，他们发誓要为人们除去灾难。在48庄乡亲的帮助下，他们打死了大鳌鱼。不知过了多少年月，大鳌鱼的骸骨变化成了南北长15千米、东西宽15千米的一座山。因为这山是大鳌鱼化成的，人们便叫它"鳌山"，山南头叫"鳌山头"。

当然这只是传说，崂山一词最早出自《诗经》："山川悠远，维其劳矣。"《诗经·小雅·鱼藻之什》郑笺云："劳劳，广阔。"但对"劳山"的解释也不尽一致。一说该山雄险陡峭，上下行走，非常辛劳，故称"劳山"。又一说是来自明末清初的著名学者顾炎武，据他考证，秦始皇到崂山时，劳民伤财，因此此山被称为"劳山"。《后汉书·逢萌传》、《魏书·释老志》、南朝梁弘景《名医别录》、唐《元和郡县志》、清《一统志》均沿用"劳山"。

崂山

崂山景区

崂山的历史虽然众说纷纭，但它"海上第一名山"的称号却名副其实，不相信的话，就和我一起看一看吧！

游人漫步在崂山青石板小路上，可以看到两种不同的景色：一边是青松怪石，郁郁葱葱；另一边是碧海连天，惊涛拍岸。因此，古时有人称崂山是"神仙之宅，灵异之府"。自春秋时期这里就云集了一批长期从事养生修身的方士之流，明代志书记载"吴王夫差尝登崂山得灵宝度人经"。到战国后期，崂山已成为享誉国内的"东海仙山"。传说秦始皇、汉武帝都曾来此求仙，这些活动，给崂山涂上一层神秘的色彩。

崂山还是我国著名的道教名山，最盛时，有"九宫八观七十二庵"，全山有上千名道士。崂山道教是王重阳所创的全真派，开创了道教的全新局面。全真教北七真都曾涉足崂山，邱处机还曾三次来崂山说法阐教。著名的道教人物丘长春、张三丰都曾在此修道，影响深远，使崂山成为我国四大道教名山之一。现在原有道观大多被毁，保存下来的以太清宫的规模为最大，历史也最悠久。

　　崂山沿线景区主要包括巨峰、北九水、华楼、流清、太清、棋盘石、仰口等几个游览区。其中，流清—太清—棋盘石—仰口在同一个游览线上。游人可以由香港东路或东海东路向东经沙子口、流清河奔太清宫，主要游览太清景区，还可再去上清景区或去巨峰景区，也可去棋盘石景区；或者由李沧区李村出发，先向北转东，经惜福、王哥庄到仰口，主要游览仰口景区，还可向南游览棋盘石景区或直奔太清景区由南线返回；从李沧区李村出发，向东经北龙口转北是另外一条风景线，经北宅、乌衣巷赴北九水景区，途中路遇华楼景区，经柳树台攀巨峰，步行过潮音瀑亦可达巨峰，再由大崂观可转赴仰口景区。当然，也可以乘船游览海上风光，在太清湾登陆，主要游览太清、上清景区。

门票： 淡季门票50元，旺季门票70元。其中儿童身高1.2米以下免票，1.2～1.4米半价优惠；老人票70岁以上持老年证享受门票免费；军官持军官证享受门票免费的优惠。

开放时间： 流清——仰口游览区：6：30—17：30（旺季），7：30—16：30（淡季）。
　　　　　　巨峰游览区：8：00—17：30（旺季），8：00—16：30（淡季）。
　　　　　　北九水游览区：6：30—18：30（旺季），7：30—17：30（淡季）。

交通导航： 乘坐4路、209路至大港客运站下车，或乘20路、211路、214路、222路至馆陶路站下车。

北九水——涧水九折

北九水为白沙河中游的峡谷地带。河水经山脚而折流，有九折，故称九水。九水又分内九水、外九水（即北九水）和南九水三路，其中以北九水的景观最为著名。

　　源出山顶北麓，涧水自上而下顺流，每遇峰崖必折，折处必弯，弯处必漩，漩处必涌一潭澄水，此处被誉为"滩峡奇秀，清流急湍，峭壁危岩，水作龙吟，石同虎距，音乐图画，文本天成"。这就是崂山上的一处奇景"北九水"。

　　北九水是内九水和外九水的分界点，也是一个极为清幽的风景点。一水源自孙家村村东的菊湾，南有玉笋峰，北有黑虎山，两山相夹间为大涧，涧底巨石交错，姿态万千。二水涧中大石垒迭，排空壁立。涧南有巨岩，名锦屏岩，石色苍翠。岩下潭水，锦岩倒影，波光涟漪。三水于1967年建成水库，为九水新景。水清澈靓蓝，水流从溢洪坝顶凌空跌落，如珍珠壁帘，晶莹夺目。四水南北两峡对峙如门，名天梯峡，水自峡涧中涌出，银花四溅，声荡幽谷。三水建水库后，此峡已沉身库中，仅可见露出的对峙石壁。五水四周山峦重绕，青翠四合，名环翠谷。涧底流水到此较缓，流声叮咚，间之鸟鸣啁啾，如奏丝竹，又名玉笙涧。六水为北九水峰峦最险处。涧北有黄褐色山峰耸立，远望如一匹骆驼临涧而卧，有昂首嘶空、气吞长川之气势，该峰俗名"骆驼头"。峰侧新镌"驼峰烟云"四字，为崂山名胜"驼峰插云"。从不同角度看该峰，会有不同的形状，由东看似骆驼头，由西与南望则形似鹰嘴，东北望狰狞粗猛形似恶鬼，故亦有鹰嘴峰、恶鬼峰之名。峰西叠嶂排空，陡峭险恶，名飞虎岩。七水山谷宽敞，山环水抱处为七水村，又名河西村。涧东有村名为河东。涧北一峰临水独立，呈丹褐色，山势秀如盆景，名小丹丘。又因岩石突出如发髻，又叫仙人髻，亦名小梳洗楼。峰顶石上，南向刻有"小丹丘"三字，乃集郑板桥字。东北山凹处是通往王哥庄的山口，由此途经土浅岭可抵王哥庄。八水山势舒缓，涧水悠悠，漫山皆松，山风徐来，松啸、流水声融为一片涛声，故名松涛涧。水中石上刻有"松涛涧"三字。九水为外九水的尽头，是一处不大的

北九水瀑布

枝繁叶茂

山坳，此间松竹相间，流水潺潺，盛夏亦凉风习习，素有"小关东"之称，是风景优美的避暑疗养胜地。

　　这里最佳的游览时间是五月至十月，在这段时间游人不但可以避暑享受清凉的一夏，还可以涉水赏风景。当然，主要就是去看水，这里的水很清澈，山上的水更是具有灵气，如果是雨季去，刚下完雨会另有一番感受。况且这里的树木也多为百年老树，枝繁叶茂，来到这里，就是回归自然，尽享生活。

门票： 北九水游览区进山门票：65元/人，半价32元/人；淡季11月1日—来年3月31日，门票：40元/人，半价20元/人；北九水游览区旅游观光车票价30元/人，1.2～1.4米儿童半价票15元/人。

开放时间： 旺季（4.1—10.31）6：00—19：00；淡季（11.1—3.31）7：00—17：00。

交通导航： 从轮渡、火车站乘311路公交车（每天6：45头班车发往北九水，16：40末班车返回市区，45～60分钟一班，中巴，车程100～120分钟）；或从李村乘107路公交车（8：00—16：00）可达北九水景区，车程1个多小时。

薛家岛——大自然的鬼斧神工

薛家岛旅游度假区面积9.8平方千米，是一个呈东北西南走向的狭长半岛，东北部分为山地，中部为平原，西南部为丘陵。它像一只展翅欲飞的凤凰，横卧在黄海之滨，因此又被称为"凤凰岛"。

位于胶州湾西海岸黄岛区境内的薛家岛，三面环海，与团岛隔海相望，风景秀美。它现在已被打造成度假区，其内阳光、大海、沙滩、绿地交相辉映，是陆地游玩、海上游乐的胜地。

关于薛家岛还有一个美丽的传说：相传古时候，有一只金凤凰赶往天庭参加百鸟盛会。它飞抵碧波万顷、渔歌荡漾的胶州湾时，被美丽的海岛风光和淳朴的渔家民风所陶醉，乐不思蜀，便展翅飞落在胶州湾南侧，形成了今日的薛家岛。

整个薛家岛度假区分为金银沙滩景区、山里景区及竹岔岛景区。其中最长的一处因沙质金黄故得名"金沙滩"。金沙滩长3.5千米，宽300米，像一弯月牙一样，展现在人们面前。这里滩平沙细，风小浪静，水色透明，素有"亚洲第一沙滩"的美誉。目前，此处已被辟为海水浴场，是旅游度假区中的重要旅游景点之一。

不仅如此，这里还有竹岔岛与连三岛，也是薛家岛海域风景优美的小岛、青岛的旅游胜地。其中享有"黄海宝石"之称的竹岔岛是国际钓鱼基地，许多国内外游客慕名而来。而正在开发建设中的连三岛，潮涨水隔，潮退相连，景色十分秀丽。更有凤凰山色、凤凰戏珠、石雀海鸣、朝海古刹、黄庵日出、志门夕照、渔嘴雪浪、上泉晓钟等八大景观为薛家岛添彩增色。

竹岔岛

　　薛家岛旅游度假区不仅自然景观优美，人文景观也十分丰富。相传明永乐年间的骠骑将军薛禄，原名薛六，曾在燕王朱棣发动靖难之役时从征。后因作战勇敢，屡立战功，逐步擢升。在真定之战中，他生擒建文帝左副将军李坚，奠定了军事生涯的开端，此后每战必胜。其在单家桥一役中，因为马失前蹄被平安侯所抓，竟然也能奋力挣脱，并夺刀杀死守卒，重回战场，最后大破平安侯军。后转战彰德一带，生擒都督指挥花英。明成祖定都北京后，薛禄因战功卓著，被授奉天靖难推诚宣力武臣，特进荣禄大夫柱国太保，封阳武侯。仁宗即位后，加封太子太保，并佩镇朔大将军印。宣宗宣德五年，薛禄因病与世长辞，宣宗亲自撰文祭奠他。薛禄一生有勇有谋，战功显赫，带兵之际秋毫无犯，纪律严明。他善抚士卒，同甘共苦，因此部下皆愿为其效力，是当时难得一见的统帅之才。他历事三朝，为靖难诸功臣中的佼佼者。他死后归葬故里，葬于薛家岛村东南。岛上居民多属薛姓，皆为阳武侯之后裔，薛家岛也由此得名。

薛家岛

门票： 免费。

开放时间： 全天。

交通导航： 先从团岛轮渡码头坐船到黄岛，再转乘黄岛区1路中巴前往。

明霞洞——道教圣地

崂山东部明霞古洞系一天然石洞，内高于人立，占有山地80万平方米，环境优雅，四季鸟语花香。这里不仅是集山、林、溪、石、瀑于一体的自然风景旅游区，而且是一座"神秘幽深"的道教圣地。

上清宫之北的玄武峰近山之巅有一处神秘幽深的道教圣地——明霞洞。其启用于金大定年间，洞额的"明霞洞"三字为清代书法家王序所题。洞的右侧有一道院，据说为元代始建，名斗母宫，是全真道教金山派的创始之地。斗母宫有房32间，建有观音、三清两座大殿。

在明代时，明霞洞曾被僧、道交替住持。明嘉靖十二年（1533年），陈沂所作《崂山记》中记载，明霞洞"陡峭攀绝，僧垂木阶下，乃援而升""左有佛宇僧庐"，可见此时为和尚住持庙宇。明庆隆年间，道士孙紫阳重修庙宇，并在洞外石壁上刻有孙紫阳道士修真记，明霞洞遂转为道士住持。明霞洞后玄武峰近巅处的峭壁上有玄真洞，据说是孙紫阳修真处，其旁刻有"重建玄真吸将乌兔口中吞"十一字，传为张三丰真人手书。乌指金乌，兔为玉兔，即"采日月之精华，散而为风，聚而为形"。玄真洞的左边还有一西向小洞，曾是张

古人题诗

明霞洞

三丰的静修之地，故名"三丰洞"。洞旁刻有明代登州武举周鲁的题诗："白云留住须忘归，名利萦人两俱非。莫笑山僧茅屋小，万山环翠雾中围。"清代又在三清殿西建观音殿三间，不久在一次暴雨中被山上的塌石砸毁，此后再未复修。但其院内的黄杨、玉兰、木绣球等百年以上的古木均生机盎然。

来到明霞洞，游客可以看到其所处地三面奇峰矗立，四周被古松所笼罩，翠羽修竹，古洞幽邃，刻石遍布，还有上、中、下三处泉水终年注涌。尤为奇特的是霞光绚丽变幻，被誉为"明霞散绮"，古往今来多有游人题咏。清代即墨县令林溥题诗："明霞洞敞晓霞鲜，贮月潭空碧月圆。九水苍茫秋色外，十州缥渺彩云边。"

沿小路婉转而下，山花艳冶，野草凄迷，大树劲挺，古藤垂悬，木竹成陈，蓼叶扑地。似乎这里的每一处在明霞古洞里都经过了优化组合。凝神会意间，你会觉得自己也成了其中的一部分，而不知身在山中，仿佛达到了"人来自自然，复看见自身的自然"的境界。继续前行，行至半道，你还会发现一条清澈的小溪婉转流淌，直奔山下。这时来到山脚下，还有两个人工泳池——"明欢池"和"霞乐池"等着你。池水清透见底，沐浴池中，一路疲劳尽皆消除。

门票： 门票5元，索道往返50元。

开放时间： 8：30—16：40。

交通导航： 乘坐104路、113路、301路、304路、610路、611路、612路、630路公交车崂山沙子口站下车即到。

大泽山——神仙洞窟

位于平度市东北处的大泽山，主峰海拔737米。此山层峦叠嶂，奇松异石，林壑静幽，雄深伟丽。因秦汉以来，名士高人多隐居于此，故又号神仙窟宅。

"群山环而出泉，汇为大泽，以此名也。"可见其中所描述的地方多山、多水，而且是水由山上来。她就是胶东名山之一的大泽山，又名九青山。

大泽山峰峦叠嶂，怪石嶙峋，奇泉遍布，名胜古迹颇多。秦汉以来，很多高人名士隐于此。半山腰中的智藏寺始建于唐，又称下寺，香火盛极一时，1943年被日军摧毁。现在遗址尚存，规模巨大，周围的崖壁刻有历代佛家偈语。遗址东侧为塔林，雕砌精致，造型古朴别致，旁有"邀月台"。寺庙西侧的聚景台上建有"聚景亭"，为石亭，亭西山涧丛林幽郁，奇石遍布，相传曾为范蠡西施的隐居之地，故名"范蠡涧"。

由寺沿石阶北上，一路溪水潺潺，片刻即可达日照庵，俗称"上寺"，以日出即照而得名。日照庵曾毁于战乱，现存寺庙为仿古重建。日照庵内供奉观音菩萨、送子娘娘、碧霞元君、无生老母等女神。以前大泽山日照庵庙会（农历三月十八日至三月二十六日），前来进香之人，人山人海。石碑上曾记载："远近接踵而至，人烟辐辏，时常送牌立匾，以彰其盛德，修庙送衣，以安其尊座。""每值朔望，虔诚致祭，岁月无间"。寺庵的东侧有一处天然石洞，大如广厦，名"老母洞"，又名"莲花洞"，相传为隋末红莲教圣母女徒杨斯玉练艺修道之处。洞外一箱形巨石，名"箱子石"，上刻"书藏万卷"四字，相传为杨斯玉的藏书处。莲花洞外，还有古松两株，相对而生，一株匍匐而起，似卧龙翘首，名卧龙松；一株松盖翩翩，如凤凰展翅，曰凤凰松。这两株大松被誉为"龙凤呈祥"，为山中奇景。日照庵西侧，遍布碑碣，长达里许，多逾百计，此即著名的大泽山碑林，被誉为"天然古代书法艺术展览馆"。

大泽山多泉，主要分布在上寺、下寺周围。凤池、天池、甘露泉、珍珠泉、有乳泉、涌泉……各具神韵。引人入胜者，当推位于双眼石东侧的八角琉璃井，因花岗岩条石砌成八角形而得名。相传曾有神龙潜于此，故又名"龙潭"。此井水深数米，终年不涸。史载，明万历三十年（1602年）春大旱，时任莱州知府龙文明亲率僚属进山谒龙潭祈雨有应，欣喜之余，于龙潭之旁建龙神祠以资纪念。此祠已久废。龙潭融诸泉之水汇入虎溪南流至水门，泻入深谷，喷珠溅玉，形成虎溪飞瀑奇观。出日照庵，越梳洗楼，即至瑞云峰，绝壁上镌刻着明万历三十六年（1608年）王之都所书"瑞云峰"三个巨字，字径3米，笔力雄强，宛若一幅金碧巨幛凌空高挂。西上行，攀"八步紧"，跨"张飞骗马"，越"鹞子翻身"，穿"通天洞"，即可登上海拔736米的北峰极顶。峰顶镌有"身依北斗尺五天"字句。据载，北峰顶曾半岩垒石为城，亦名皇城顶，又名赤眉寨。新莽末年，赤眉义军曾占据此山。抗战时期，此处是胶东军区西海军分区司令部所在地。北峰三面峰峦环抱，西为飞来峰，东为日观峰，南为金刚崮。北峰西侧，一高逾数丈的巨石矗立，陡峭奇险，上镌"孤峰独秀"四个字，名"鹰不落峰"。北峰至西峰，需穿越九连洞。九连洞因由九个天然石洞相互通连而得名，各洞均有名人题字，如"摩苍""洞口仙峰""上天云送客，出洞鹤迎人"等。洞内道曲路盘，光线幽暗，爽风飕飕。穿行其中，如入仙境，故又名飞仙洞。出洞南行，攀"上天梯"，穿"一线天"，渡"仙人桥"，即达西峰顶。

大泽山的自然地理环境十分适宜于葡萄生长，现已有葡萄种植面积数千万平方米，故有"葡萄之乡"之称。这里享有"西有吐鲁番，东有大泽山"的赞誉。每年九月葡萄成熟季节，在此举办的葡萄节吸引了四面八方的客人前来观赏"大泽晴云"的胜景。

门票： 10元。

开放时间： 8：00—17：00。

交通导航： 景区位于平度市近郊，有平度至大泽山镇的专线公交车，在东高家村站下车。往潍莱高速，从平度出口下高速，北行到大泽山路后再向东行驶，即可到达景区。下高速后约需20分钟车程。

灵山岛——中国北方第一高岛

灵山岛又名水灵山岛，距离大陆约10千米，岛形狭长，岛屿南北长约5千米，东西长约1.5千米，面积达7.6平方千米。最高峰歪头山海拔513米，是青岛乃至中国北方第一高岛，在中国仅次于台湾岛和海南岛，有"中国第三高岛"之称。

　　它地处外海，山势徒直，在太阳还没有出来之前岛上已经亮了，每当快要下雨的时候，山顶早已被云雾覆盖住。这就是位于黄海之中的一处奇景之地——灵山岛。正如胶州志记载，灵山岛"先日而曙，未雨先云"，因其灵气故曰灵山。

　　现灵山岛有3000余常驻居民，分3个行政村，12个自然村。此岛山高海阔，景象万千，峰峦起伏，植被茂密，郁郁葱葱，如锦似画。另外，此岛还是典型的火山岛，是火山喷发的降落之角。经过大自然的雕塑，灵山岛形成了锯齿状的山脊，并发育成了大大小小山头56座之多的山体。其中的高峰便有七八座，如灵山、歪头山等。而岛屿东南由于海水的侵蚀，更是形成了造型奇特的海蚀地貌，这里有象鼻山、石秀才、老虎嘴等，具有极高的观赏价值。岛上还有一座灵山岛的标志性建筑——浮翠亭，坐落在城子口村。此处的望海楼是在其遗址上重建的。相传这里是金国完颜兀术之妹出家为尼的居所。

　　游客游览灵山岛，须从岛西侧的村口码头登岸。初登岛上，可见一巨石耸立路边，上书"水灵山岛"及其简介。岛上渔家风情别致，村落或居于崖边，或位于海畔，或半藏于山涧，绿树、红瓦、梯田与碧海蓝天交相辉映，从海上望去，宛若一艳丽之翡翠浮在海面，故此地有"灵岛浮翠"之美誉。这"灵岛浮翠"的奇景自明代起就是当地有名的胜景，乾隆年间的《胶州志》记载，灵山岛"其色四时常青，葱翠如滴，时与波光相乱"。灵山岛的绿化面积更是达70%以上。从积米崖港乘客轮进岛，远远望去它就像一幅淡淡的水墨画从海天之间溢了出来。走到近处，只见绿意层叠的群峰直逼大海，水光山影相互映射，好一幅大自然绘制的丹青长卷！岛上每道山梁、每座山峰，每条山沟、每面山坡都是郁郁葱葱的绿树，居民的红瓦房和红顶小楼就掩映于这天然的绿色屏障里，红瓦绿树相衬，置身其中，如同走进了翡翠的世界。满岛的翠色倒映成大海里浮动的绿光，绿光拥抱着翠绿的海岛，把岛上的翠绿渲染得更具动感。

"灵岛浮翠"风景

灵山岛

　　除此之外，灵山岛上还有极具传奇性的背来石、有历史印记的烽火台、传说典故的老虎嘴、艺术形象的灵岛奇峰、自然雕琢的海蚀崖壁、气势雄伟的火炬树等，吸引了大批游客前来观赏。

豹竹涧——平度古八景之一

位于青岛市平度城北部梨沟村的豹竹涧为平度古八景之一。因村北莲花盆山如一巨龙盘曲而卧，形成一颈长口细腹大的葫芦谷，且谷底遍布豹竹，故得名豹竹涧。

明清时期很多人作诗描述，说豹竹涧有郁郁葱葱的翠竹。但为何称之为"豹竹"则说法不一。毛宗鲁诗云"隐雾数层傍林馆，新梢粉褪豹纹斑"，是说这里的竹子上有状如豹子身上斑纹似的斑点。官贤诗"风箫响处秋风动，豹竹空余月夜回"，也直接称这里的竹子为"豹竹"，两者说法比较统一。但是，在清初官靖共的诗里却说"旁蹲奇石多如虎，莫怪漪漪似蔚文"，却是说丛竹旁的奇石状如虎豹，这才是"豹竹"名字的来源。而到了清乾隆知州陈时贤时又有新解，"枝舒宛起棱棱爪，丛伏浑生炳炳斑"，认为竹枝就像豹子的爪，整体丛竹看上去就像豹子满身的斑纹。这里哪一种解释符合"豹竹"的定义呢？至今都没有一个定案。

豹竹涧位于葫芦谷之尽头，这里有一石砌墙，墙垣下开3.5米高门洞，上书"瑶台"，山涧小溪即自洞中流出。据考证，此墙为明代所建。山之西坡有一洞，传说老子曾隐居于此，故明代刻有"仙洞"二字。山涧之南侧有许多徐福遗迹，距此涧不远处就有徐福村，村名最早出现在汉代，据专家考证为徐福故里，现村旁常有汉代砖瓦出土。山侧有一山泉，传当年徐福常在此饮水，故称"徐福圣泉"。

云台旁有唐代开元二年（714年）始建的古云台观，千载以来一直是平度（唐、宋、金、元时称胶水县）最有名气的道观。此地还曾为道教胜地，道教故事称其祖师张道陵曾与弟子们在云台山练丹。这里以"云台"为磐石名，为道观名，命义恰切，极具匠心。许多旧日诗文都说云台观四近多雾。而雾中丛竹隐伏于山涧奇石中，自会构成奇异景观。"豹竹云台"之名既文雅，又包含着诸多的神秘和朦胧。云台观的住持道长们"羽化登仙"之后，葬在附近的山坡上，墓葬点散在青山绿水之间，形成了道教墓地独有的风格，与大泽山的佛教墓塔迥然不同而各臻其妙。明嘉靖年间的"李真人"是一位名重当时的"黄冠"，被称为"仙人"，他的墓葬格外高大。传说万历后期吏部尚书掖县人赵焕来游山时，对云台观中的一切都十分熟悉，因为他就是李真人转世。这类充满神奇趣味的故事，更给豹竹涧增添了许多神秘诱人的色彩。

云台观

云台观石碑

豹竹涧内，水丰草茂，石异松奇，千年道观古木参天。蜿蜒溪间，多飞瀑流泉，仿佛山川的灵秀都汇到了这一山涧。云台观建筑雄伟而秀雅，在苍翠的古树之下，微微现出高大殿宇的飞檐，壮丽的高阁，横跨在迂回曲折的溪流上。清初胶州文士张谦宜有"树杪涌飞甍，阁跨溪涧曲"之句，便是云台观王母阁独具建筑特色的最好见证。

门票：5元/人。

开放时间：8：00—17：00。

交通导航：途经公交车有平度1路东线、平度1路西线、平度207路、平度4路东线、平度4路西线。

田横岛——回归自然纯净的世外桃源

位于即墨市的东部海面有一块面积为1.4平方千米的狭长岛屿，即田横岛。

推荐星级：★★★

在洼里乡东部海面3.5千米处有一座美丽而又神奇的历史名岛——田横岛。岛上人文自然景观遍布其中，但是它的得名却是缘于一桩惊天动地、壮美凄绝的千古传奇。

据史书记载，秦末汉初，群雄并起，逐鹿中原，刘邦手下的大将韩信率兵攻打齐国，城破国亡，齐王田广也被韩信所杀。作为齐国的臣子，齐相田横只好率剩余的五百将士退据此岛。刘邦称帝后，遣使下诏命田横投降，田横称"死不下鞍"，遂于赴洛阳的途中自刎。岛上剩余的五百将士听闻此噩耗，集体挥刀殉节。世人惊感田横五百将士的忠烈，遂命名此岛为田横岛。现在五百义士墓正坐落于岛内最高峰田横顶上，是田横岛最著名的历史史迹。

田横碑亭始建于1982年，立于墓冢北侧，亭内梁柱上饰有田横及五百义士从义举至壮烈殉节等6幅彩绘，生动地再现了田横兵败、自刎及五百义士毅然殉节这一惊天地、泣鬼神的悲怆情景。另外，狮身人面石、神龟石、老仙洞、海神娘娘等传说，也是田横岛富于地方特色、民俗风情的历史写照。

田横岛不仅以其特有的历史文化与人文精神闻名于世，其优越的地理位置、宜人的气候特征、丰富的海产资源、旖旎的海岛风貌也使之不负盛名。岛上苍松滴翠，空气清新，温暖湿润的海洋性气候造就了冬暖夏凉的迷人环境。田横岛上南北两坡风格迥异，南坡岬湾相间，水清石奇，是垂钓的最佳去处；北岸港静、湾深，则是摩托艇、帆船、游泳等海上运动项目的极佳场地。田横岛周围的海域还是富饶的海上牧场，盛产扇贝、鲍鱼、海带等海产品，为岛内千余口渔民的渔牧生涯提供了丰厚的物质基础。

　　田横岛旅游度假村，其内建有九龙居、梦海园和中国园三大别墅建筑群，并设有电子游戏城、健身美容城、射击场、儿童乐园、迷你高尔夫乐园等，开展海上垂钓、环岛旅游、跳伞、冲浪等娱乐项目。除度假村外，岛上还有老仙洞、田横井、神龟石、海市蜃楼、龙戏水、田横智布疑阵的悬羊击鼓岛等奇观，堪称世外桃源。

田横岛

门票：40元（包含了进岛费20元，南国乐园、海神娘娘庙、齐王殿、海底大世界四个景点的门票）。

开放时间：7：30—17：30。

交通导航：乘坐济南、潍坊、青岛至田横岛的旅游专线车，也可从济青高速路、烟青一级路直达。

田横雕像

五百义士墓

田横岛上风光

小鱼山 —— 一览青岛名建筑

小鱼山海拔60米，总面积2.5万平方米，其中绿化面积2.1万平方米，绿地率达84%。此山因靠近鱼山路而获小鱼山称号。

　　山虽不高却能远眺，登山俯瞰，小青岛、汇泉湾、鲁迅公园、栈桥等美景尽收眼底。这就是小鱼山，青岛市第一座古典风格式的山头园林公园。

　　1934年，为弘扬佛学，居士王金玉在小鱼山之巅建造讲经阁一处，作为佛教居士讲经之所，名"湛山精舍"。远处遥望，湛山精舍在青岛诸多建筑中独树一格，此舍共占地约8 000平方米，上下两层，黑瓦复顶，为古建筑形式。湛山精舍落成后，当时的"法物流通处"和"佛学研究社"均迁入小鱼山。每星期日下午，这里便聚集众多前来听经的社会各界人士，小鱼山一时成为弘扬佛法之地。但到1959年，湛山精舍因近于倒塌而被拆除，现仅遗址存在。

　　后来为开发和利用小鱼山这一宝贵的自然资源，于20世纪80年代初开始在此建造青岛市第一座古典风格的山头公园——小鱼山公园。公园因势谋景，以景造型，以"海"为主题，突出"鱼"的特色，将廊、阁、亭、台有机地结合起来，使建筑美、艺术美与自然美融为一体。公园正门那古铜色的两扇山门上，还用金黄色勾勒出两条被钓着的黄花鱼，令人垂涎。周围墙上的绿色瓦当，也都刻有跃跃欲试的小鱼，处处显示"鱼"山之特色。

　　公园的主题建筑是位于小鱼山之巅的览潮阁，这是一座18米高的三层八角挑檐式楼体，绿色的琉璃瓦，雕梁画栋。八角挑檐并非龙凤，而是鱼的头部。额仿和门楣打破了木质人工彩绘的传统，采用瓷板烧制，围绕着海洋生物勾画出彩色的图案。进入阁内，可以看到磨漆的《古代船只》壁画和《青岛建筑集锦》丝织壁挂，以及铅腐蚀画《海底世界》。沿螺旋式楼梯登上阁的二、三层，每层都有白大理石制成的护栏平台，人们可沿平台绕阁凭高远眺，第一海水浴场、汇泉湾、青岛湾，以及栈桥、小青岛等海滨的美景尽收眼底。此处被人们誉为俯瞰青岛市区和海滨风光的最佳处。

小鱼山

小鱼山上一览青岛

在览潮阁东西两侧还建有绿瓦覆盖的挑檐式凉亭，东为"拥翠亭"，西为"碧波亭"，游人在此既可观赏海上波光帆影，也可浏览远近葱郁的山峦风光。东侧平台建有可供游人憩息的长廊，廊上镶嵌大型彩釉壁画，均取材于神话传说和聊斋故事，如《八仙过海》《促织》《香玉》《席方平》等，色彩绚丽，造型优美，不仅给人以美的享受，还为小鱼山增添了几分仙山之气。

1999年，小鱼山又增添了"青岛名建筑微缩景观"，将青岛的著名建筑，如总督府、迎宾馆、火车站、天主教堂等，按一定比例制成微缩建筑，供游人观赏。这样一来，足不出小鱼山公园便可一览青岛名建筑的风采。

门票：4月1日—10月31日：15元/人，11月1日—3月31日：10元/人。

开放时间：4月1日—10月31日：7：30—17：30；11月1日—3月31日：8：00—17：00。

交通导航：可乘6路、26路、214路、220路、223路、304路、311路、312路、316路、321路、501路、801路、802路车海水浴场下车。

龙潭瀑——龙潭喷雨

坐落于上清宫北1千米处的龙潭瀑，又名"玉龙瀑"。水源来自海拔500米的天茶顶和北天门之间的山谷，周围危岩峭壁，八水河皆聚于此，沿20米高、10余米宽的绝壁倾空倒泻，喷珠飞雪，状如玉龙飞舞。

涧水穿山越岭，沿路汇集了数十条溪水，聚成一股急流，奔腾而下，在一个高约30米的崖顶平台上，平直地冲出数米之外，水在半空飞旋了几曲几折之后，才合成一道长约30米，宽约5米的瀑布，顺着90°峭壁跌入崖下的碧潭之中。那气势，宛如一条矫健的玉龙，从悬崖之巅，腾云驾雾，呼啸而下，击得潭中水花四溅。山里人拟其形，取其声，观其色，叫它"龙潭瀑"，并给瀑下的深潭取名"龙潭"。崂山十二美景中的"龙潭喷雨"，指的就是此处的奇景。

在龙潭瀑顶端，还刻有当代著名书法家黄苗子（1981年游崂山）所书"龙吟"两个直径1米的隶书大字。而且下面有一块长形巨石，游人坐在其上，远可眺望四周雄峻的群峰，近可仰视"龙潭喷雨"的壮丽美景。那千姿百态的独特山光水色，不知让多少古今中外游人惊叹不已，流连忘返。清朝学士蓝桢之在观瀑之后，挥毫赋诗赞道："百尺峭壁高无已，左右青山相近比。一练高挂悬崖巅，玉龙倒喷西江水。余波流沫随风飘，如抛珍珠坠还起。只因泉源直上通银河，不然何以仰视去天不违咫。"可见龙潭瀑的波澜壮阔。

龙潭瀑

门票：旺季70元/人，淡季50元/人。

开放时间：全天。

交通导航：可乘坐104路、304路、802路公交车前往，车程约1个半小时。

大珠山——奇山异景，震撼人心

大珠山是一道青峰相连的半岛风景，三面环海，南北长20余千米，总面积达65平方千米，主峰大寨顶最高海拔486米。

　　位于灵山湾与古镇口湾之间的大珠山，据传，是因为唐朝仙人朱仲曾在此山居住而得名的。后来人们把"朱"改为"珠"，就是现在的大珠山了。因与小珠山南北对峙立于天地之间，故有"双珠嵌云"之说，被列为古胶州第一胜景。

　　大珠山现以独特的人文与自然景观立于世。相传这里有石窟99座，大部分毁弃，现剩余约3处。大珠山的东段濒海处，还有南天门、阎王鼻子、湘子门等名胜。其中在湘子门的西侧，有一山矗立，这里常年白云萦绕，远望如帽，故名"帽子峰"。峰上有徐庶庙，庙不在大，有"仙"则名。此庙也因徐庶之故，名气甚大，深得四乡八邻百姓和渔民礼敬。庙后有一条浅泉，传说可祛病健身，被人们奉为"神泉"。

　　大珠山中数石窟最为珍贵，它们大多是隋唐时期的遗物，属小型石窟，俗称"石屋子"。这些石窟是在高大岩石上凿成的，内有佛像浮雕等造型。保存完好的有夹沟南山石窟、夹沟西山石窟和石屋子沟石窟。夹沟南山石窟共有佛像雕刻21尊，损坏颇为严重，已模糊难辨。夹沟西山石窟镌刻佛像浮雕30尊，均为隋唐艺术风格。石屋子沟石窟雕有6个"飞天""云纹"图案和17尊佛像，保存完好。大珠山还有老鹰石、鳌儿石、女儿石、八戒石、和尚石等自然景观，形象生动逼真。

　　大珠山的主峰大寨顶上还有寺庙，因寺门是用3块巨石叠垒而成，故名石门寺。又因石门前有一泉，水清如玉，迸若珠玑，名玉泉，故石门寺又被称为玉泉寺。此寺建于公元1166年（金大定年间），总占地面积约27万平方米，建造了东西两院及大雄宝殿、天王殿，分别供奉着佛祖和四大天王。寺内竹林茂

石门寺

徐庶庙

密，沟坡遍布。在寺南的侧山坡有金代镌立的塔林，共有花岗岩石石塔12座，塔高2.6米，形态各异。寺前的卧象石，寺西的磨铁庵，都曾被摧毁。由寺内向南瞻望，可见高峰耸立，山势峥嵘。峰顶有巨石形如大佛端坐其上，东侧的小石又犹如小僧或金猴，正在向大佛叩拜，惟妙惟肖，称"金猴拜佛"，也有人称之为"石拜佛"。而次高峰因形状似楼，被称为望海楼，峰高330米。山峰东侧峭壁有间"珠山石室"，宽高均为2.5米，纵深3米。石室有门框洞槽和石雕石槛，室内四壁、地面均研磨平滑。山顶为一宽阔平台，举目远望，东西见海。

大珠山自然风景秀丽，在山的东北处珠山秀谷内，到处都是野生的杜鹃花。四月间，大珠山杜鹃花漫山遍野开放，珠山秀谷里便涌起了花潮人潮，颇为壮观。这种被当地人称为"蓝荆子"的杜鹃花，红中透着蓝晕，像是纯正自然的火焰色。到四月底，蓝荆子谢了，又有映山红（杜鹃花的另一品种）相继开来，猩红的颜色，开在悬崖峭壁，凌空含笑，别有风韵。另有崆峒花（杜鹃花品种）、白色野蔷薇、合欢花相继开放，好似红绸散开，甩开了的绵缎，满山谷飘香溢彩，灿若朝霞。

　　大珠山的每条山涧都有水，水是大珠山灵气的一个重要组成部分。夏有激流的飞瀑；春、秋、冬又充满了诗情画意：春花夹岸时，每条山溪的水都是俏丽欢跃的；秋色悄然进山时，山里的水库和清溪碧潭里，天光水色浮动，鱼儿犹如游在峰侧和云间，大珠山澄澈的水映照得山格外明净秀丽；到隆冬时节，一条山溪就是一条玉琢的冰带，溪水在镂花的冰下浅吟低唱，又叫人想到那是大珠山的春消息。

　　大珠山还因嵌云裹雾和多奇峰怪石而被称为"岸海名山"。峰恃云变幻，峰云相依倚。在什么样的季节里，大珠山里便有什么样的云雾。那些奇峰怪石在什么样的云雾里就呈现出什么样的韵致。比如那座形似唐僧师徒的山峰，如果是夏季立在滚滚云涛里，就像是唐僧师徒四人完成取经大业后驾云回东土；如果是秋天山间只有一点淡淡的岚气飘忽，唐僧师徒四人则是站在山头打量路径的形象。那山坡上的石龟，如果处在茫茫云海里，它就好似刚从东海游到岸边；如果一缕云纱缭绕在山半腰，它就是一幅奋力爬山的样子……变幻无穷的云雾与千姿百态的奇峰怪石构成了大珠山风光景色永远的新颖。所以说，一年四季，无论你什么时候游大珠山，都会领略到大珠山新的风光美景。

门票： 40元。

开放时间： 8：00—17：00。

交通导航： 从青岛乘坐隧道公交5路、6路、7路、8路在灵山卫公交枢纽站下，然后乘坐301路到达石门寺景点；或乘305路在汽车站换乘102路到珠山秀谷站下车即达珠山秀谷。

小珠山——奇、险、清、幽

小珠山，又称青岛小黄山，系崂山余脉跨越胶州湾向西南延伸的支脉，为花岗岩山地。东西宽8千米，南北长13千米，总面积104平方千米。主峰大顶海拔725米，为青岛西南最高峰。

据《增修胶志》记载："小珠山与大珠山皆古朱山也。"《封氏闻见记》云："州山即为朱山，淳于州国也，吴楚之人谓州为朱，则此山宜名州山。"《胶州志》载："治南有大、小山，海疆名镇也。小珠千岩攒空两峰特起，万山皆在其下；大珠山绵亘百余里，东插入海，势如巨鳌，二山错立，天表云气，出没不绝，夏尤蓊蔚，望之累累若珠。"因此，小珠山因景观特征显著而得名，素有"东崂西珠，双珠嵌云"之说。其整个山脉呈东南、西北走向，境内有名称且海拔百米以上的山峰就有40余座。小珠山地处海滨，景物独特，曾被前人列为胶州八景中的第一胜景。

小珠山山上奇石与名胜古迹众多。主峰大顶与白石顶南北对峙，上有天门和天桥。大顶之后有直楼、船石、垂背石，其前面有纱帽石、四角石、尖顶石、瀑布石、穿心石、仙人迹、万人井、朝阳寺，又有龙泉、龙祠。现寺、祠只有遗迹尚存。大顶之东有黄牙石、卧单石、五顶山，并有两处天然洞穴。大顶西侧有古朴别致的钟楼，横额上雕刻"风调、雨顺、国泰、民安"八个大字，至今保存完好。小珠山在青岛市黄岛区部分还有白云寺、太平庵、狐仙洞、陈氏双烈祠等遗迹，北麓有蜿蜒的齐长城遗迹。

小珠山的山，或威武雄壮，或秀气横溢，多姿多彩，且山山都有美妙动人的名字，座座都有一个美妙的传说，如望夫山、巧石、七甲山、龙雀山、石老山等。望夫山，传说古时候有一位相夫教子的妻子盼望丈夫早日回家，每天站于此，后化作一座山峰，望夫山由此而得名。而巧石则像是一幅立体的画，一首无声的诗，这些石头千姿百态，似禽似兽，似人似物，维妙维肖，趣味

望夫石

齐长城

无穷。当你走进小珠山，无数的巧石就会争先恐后涌到你的面前。在小珠山脚下，抬头可见一只振翅欲啼的"金鸡报晓"，它正在热情地欢迎来小珠山游览的八方游客；相亲相爱，相敬如宾，互相搀扶的"姜公背姜婆"；铁拐李醉酒后晒放的"靴子"；憨态可掬的"小海龟"，向人们讲叙着一个个动人的传说故事。

　　小珠山群峰巍峨，绵亘起伏，悬崖峭壁，沟壑纵横，地势十分险要，自古为兵家要地，为后人留下了不少宝贵的历史遗迹。如齐长城、白云寺等。据史书记载，齐长城始建于春秋战国时期，至今已有2 500多年的历史。它西起济南市的长清县，东至青岛开发区于家河村东入海处，横跨几十个山头，约500千米长，是我国最古老的长城。明代孙镇有诗赞曰："缘岗峙崇观，跨谷绝惊虹。"可见当时的齐长城是何等的威武，何等的壮观。现已修复齐长城的西峰关段，登齐长城观小珠山秀丽景色，别有一番景象。

　　还有白云寺，这座建于明朝末年的寺庙，曾在清咸丰年间和民国时期进行重修。寺庙昔日香火旺盛，来此拜佛的香客络绎不绝。正殿内供奉如来佛、观世音和文殊菩萨；东西偏殿塑有罗汉、雷神、雨神、山神等17尊神像。神像全系彩塑金身。白云寺边有座泉水名曰通海泉。传说寺内修炼的和尚就是通过此泉从南方运来木头修建白云寺的。

水是山之灵气，湾湾小溪，潺潺流水，成为小珠山流动的神韵；一泻而下的水流撞击在石板上，溅起水花朵朵，充满了"大珠小珠落玉盘"的诗情画意，而涓涓细流又好比山的音乐，奏响了欢快的乐章，曲折婉转地流淌于山间谷壑。涓涓细流被落日余辉染成金黄色，粼粼泉水静中有动，水中斑斑倒影又增添了一份神秘。座落于小珠山脚下的青石潭，清澈见底，水从潭底青石中喷涌而出，常年不竭。

在小珠山泉水的滋润下，这里的草木格外茂盛，郁郁葱葱，而且树木品种繁多，稀有树种随处可见，山地森林覆盖率达70%。白云寺遗址内的皂角树为明代所植，属北方罕见的树种，已有几百年的历史。绿树装扮群山，如翠如缎，峭壁映山红含苞吐艳宛如一片火海，雪白的蔷薇，拂面之絮，纷纷如毛，更有五颜六色的野花，添山之秀气，风之妩媚。遮天蔽日的林木，青青如缎的草坪，潺潺流水，步入其中，仿佛走进了世外桃园，人间仙境，给你一份恬然清凉的心情。

青山依旧，绿水常流。随着时代的发展，小珠山再添新颜。小珠山脚下，柳花碧水湾畔，美丽高雅的梅花鹿，高傲的非洲鸵鸟为小珠山增添了一份独特的景观。蒙古包为你展现了草原蒙古风情；走进古装影视城，漫步于古代街巷，穿梭于亭台轩榭，使你回归古时，感受古时的氛围。

门票：45元。

开放时间： 9：00—17：00。

交通导航： 黄岛区的1路、18路、30路、801路换乘12路到柳花泊（终点站）下车。

艾山风景区——胶州八景之一

艾山风景区由艾山、东石、西石、山洲水库四个景区组成，总面积达8.6平方千米。其中东、西石被誉为明清时期的"胶州八景之一"。该景区是集火山遗迹、山水风光和道教文化于一体的景观群，也是富有历史文化内涵的综合型风景区。

推荐星级：★★★★

关于艾山有一段神话传说：相传二郎神担山追日，行至半途，被一山石所绊，二郎怒曰："此山碍路"，故称之为"碍山"，又因山上多艾草，故称为艾山。艾山风景区由四个景区构成。其中艾山是整个风景区的重点，有南北两座山峰，南为主峰，海拔229.2米，绿荫如盖。驻足峰顶观海亭，眺望东、西石，犹如一肩担两山，故观海亭又称"歇肩亭"。北峰海拔224米，怪石林立，是岩石观赏点。

由于艾山风景奇佳，也迎来了不少的"庙宇神像僧众"，山顶为碧霞宫，山半有王灵观，山下有倒坐观音殿、文昌阁、十王殿、百子殿、唐王殿等。东北侧半山坡有"天泽泉"，波涌若轮，水质甘冽，终年不涸。附近有水井，因传说有黍粒由泉内涌出，故称"窜山黍"。另有一清代石刻，记载艾山祠孙道长助民除害的故事。然因年久失修，这些庙宇大多塌圮，仅留古碑。后新建圣母庙、玉皇庙、阴阳界等，其中圣母庙供奉碧屑、琼霄、云霄三君，构成"风雨三霄"胜景。

艾山之上还有一处奇景和二郎神有关，那就是关于"石耳争奇"的来历。传说二郎神因犯天条，遭贬被罚，玉帝令其担山填平东海，行走到艾山附近休息，感觉鞋底有异物，于是从鞋里磕出两粒砂子，便化为东西两石。东石又称"东石耳"，山呈赤色，与西石分别位于艾山一前一后，好似人耳，故而得名。东石海拔137米，分为大小两石，在旷野中拔地而起，突兀高耸。大石东南向与小石东北向分别有透洞。东石南侧有玉皇庙，后有登山铁索链，可沿此登山。石东脚下有一石屋，相传为东汉郑康成术学之处，故名"郑康成著书

东石

西石

屋"。门外浓密的书带草相传为郑康成所植。明代著名书画家若真曾著有《过东石耳问郑康成》的诗篇。西石又称西石耳，位于艾山之后，山呈青色，海拔约140米，与东石一起共同构成了古胶州八景之一的"石耳争奇"，神话传说颇丰。山上有阴阳界、玉皇殿、魁星阁、悬空寺、康熙碑、钟楼、破云亭、石刻等景观。春时，登山游玩，一路梨花，如云似雪。山洲水库位于西石景区西侧，系由洋河上游拦坝蓄水而成。

关于艾山、东石和西石的奇特景观，科学上有一个解释：是说远古时期，艾山为火山，在地质构造中，发生岩浆喷溢，形成东石、西石诸峰。火山停止活动后，其山口未溢出之岩浆在火山管道内冷凝结晶，又经千百年风化剥蚀而出露，形成地质学上被称之为"火山塞"的数座石柱状孤峰的景色。此景可与美国怀俄明州之火山塞——魔鬼塔相媲美。

门票： 门票10元，东石、西石景区都为9元。

开放时间： 5：00—19：00。

交通导航： 由青岛四方长途汽车站乘坐至胶州的公共汽车，50分钟可到达胶州，在胶州人民广场下车转胶州至艾山专线车45分钟就抵达景区。

马山自然保护区——地质自然遗迹

马山自然保护区位于山东省青岛市即墨西部大信镇与营上镇的交界处，总面积7.7425平方千米，景区内地质遗迹丰富、独特，具有巨大的科学研究价值。

这里有接触变质带，有硅化木群，有柱状节理石群，还有沉积构造的地质遗迹，这就是被地质界称为"袖珍式地质博物馆"的马山自然保护区。

马山自然保护区内，其浅粗面的火山岩柱状节理石柱是世界"三大石柱群"之一。柱状节理石群马山柱状节理，又被称为"马山石林"，是中生代白垩纪(六千万到一亿年前)火山爆发时安山质岩浆在地下冷凝收缩而成的，山岩主要呈四棱、五棱或六棱柱状。这种节理的山岩多发生在玄武岩中，但像发育如此完好、规模如此宏大的安山质火山岩柱状节理实属世界罕见。该地质现象可作为研究火山运动规律及山东半岛地质演化的重要依据，可与美国响岩体柱状节理"魔鬼塔"和闻名的英国玄武岩柱状节理"巨人堤"相媲美。

不但如此，马山还有数量颇多的硅化木分布，现已发现20多株。其木质构造，属松柏类的南洋杉科。1992年发现的一株硅化木，树干长13米，平均直径达0.85米，硅化完全，年轮清晰，根枝疤节保存完好，在我国沿海地区实属罕

马山石林

马山地质遗迹

见。它们广泛分布于马山周围的沉积岩层中。据专家考证，早在一亿三千万年前的中生时代，马山地区是被作为"古莱阳湖"的一部分而存在的，在其上游生长着大量的古树。但是后来顺流而下被搁浅在这里。并在地壳变动时，在断氧、高温、高压的条件下，逐渐形成了化石。（化石是地层的原始记录，通过对化石的研究，可以恢复古生物的种属，从而进一步判断古时的地理、气候、环境，因此极具科研价值。）

接触变质带由于岩浆的入侵及对围岩的烘烤诸因素，在接触带部位沉积岩发生了不同程度的接触变质作用。此处可见灰色、紫色粉砂岩及细砂岩发生角化，但尚未形成角岩，以及沉岩体边缘不规则分布的黑色角岩。在火山岩中也可见到砂砾岩捕房体。长达几百米的接触变质岩，将火山岩与沉积岩截然分开，宛如一条"黑色长龙"，极其壮观，具有非常高的观赏及科研价值。这里还有惟妙惟肖的沉积岩包卷层理和交错层理似一幅幅山水画，妖娆多姿的接触变质带，使人流连忘返，感叹不止。

这里不仅有宝贵的自然地质遗迹，还有丰富的人文景观。明朝末年，道教"泥丸大师"李常明，在山上创建了玉皇殿、天成殿等15处殿宇，使马山成为道教龙门派的"第二祖庭"；还有为明朝光宗皇帝赐号"慧觉禅师"刘仙姑而建造的白云庵，数百年来香火鼎盛。此外，民间还流传着如济公井、将军桥、红点狐仙等许多神秘而美丽的传说，同时还有重建的即墨大夫、狐仙居等景点，供旅游者参观。

玉皇庙又称"聚仙宫"，俗称"养老宫"。庙宇始建于明朝永乐年间，曾被作为道教龙门派的第二祖庭。白云庵是位于马山东南山脚下的，系道佛合一的寺庙，总占地近万平方米。殿宇座北向南，分东、西二殿。东殿为"观音殿"，殿内供奉着义殊菩萨、普贤菩萨和观音菩萨；西殿为"仙姑殿"，殿内供奉着被明代光宗皇帝赐号"慧觉禅师"的刘仙姑及撒痘娘娘、送生娘娘等，建筑风格古朴典雅。即墨大夫雕像位于马山前坡的山脚下，雕像系巨形花岗岩

玉皇殿

雕琢而成，高约10米，占地面积600平方米。历史记载：战国时，大夫治即墨，廉洁勤政，政绩卓著，使即墨境内田地广阔，人民生活富裕，社会秩序安宁，因而受齐威王褒奖，"封之万家"。所雕即墨大夫扶剑而立，挺胸昂首，目视前方，显示其刚正威严之气，观之令人肃然起敬。狐仙居位于马山主峰前，占地约2 000平方米，与玉皇殿、白云庵相对而视，遥相呼应。该庙依山而建，巧借山势，东临断壁，建筑风格独特，周围景致壮观，堪称马山诸景观中之胜景。

门票：马山石林：2元；硅化木：6元；白云庵：4元；玉皇殿：5元；狐仙居：4元；千佛洞：5元。

开放时间：7：00—18：00。

交通导航：青岛至即墨市乘2路公交车至马山或由青岛乘车经青银高速路直达马山。

石老人——海蚀柱景观

推荐星级：★★★

石老人是我国基岩海岸典型的海蚀柱景观，这个由大自然鬼斧神工雕琢的艺术杰作，已成为青岛著名的观光景点。

位于青岛市崂山脚下临海断崖南侧，距离海岸百米处的一座17米高的石柱，因形如老人端坐在碧波之中，故被人们称为"石老人"。

相传，石老人原本是居住在崂山脚下的一个勤劳善良的渔民，他有一个聪慧美丽的女儿，两人相依为命。然而天有不测风云，海龙王的儿子——龙太子，觊觎女孩的美貌，强行把女孩掠进龙宫。可怜的父亲，孤苦伶仃，无力与龙宫对抗，只得日夜在海边呼唤自己的女儿。他不顾海水没膝，直盼得两鬓全白，腰弓背驼，仍执著地守候在海边，望眼欲穿。但是龙王并没有打算如此放过他，一天龙王趁老人坐在水中拄腮凝神之际，施展魔法，使其身体渐渐僵化成石。后来老人的女儿得知父亲的消息，痛不欲生，拼死冲出龙宫，向已变作石头的父亲奔去。她头上戴的花环被海风吹落到岛上，扎根生长，从而使长门岩、大管岛长满野生耐冬花。而当姑娘走近崂山时，龙王又施魔法，把姑娘化作一巨礁，孤零零地定在海上。从此父女俩只能隔海相望，永难相聚。后来人们把这块巨礁称为"女儿礁"。

现在，科学上给我们的解释是这样的：这里是基岩海岸典型的海蚀柱景观。经过千百万年的风浪侵蚀和冲击，使崂山脚下的基岩海岸不断崩塌后退，并研磨成细沙沉积在平缓的大江口海湾，唯独石老人这块坚固的石柱残留下来，乃成今日之形状。

尽管如此，这块海中惟妙惟肖的奇石"老人"，及有关这块奇石的动人传说仍旧吸引着许多游人来此观赏。

石老人

门票：3元。

开放时间：7：00—18：30。

交通导航：乘102路、104路、125路、301路、304路、311路、321路、501路、623路公交车"海尔路"站下车；或乘313路、362路公交车"青岛大剧院"站下车；乘317路沿海观光车到"石老人海水浴场"下车。

金沙滩——亚洲第一滩

位于山东半岛南端黄岛区凤凰岛上的金沙滩，全长3 500多米，宽约300米，呈月牙形东西伸展，是我国沙质最细、面积最大、风景最美的沙滩，号称"亚洲第一滩"。

这里水清滩平，沙细如粉，色泽如金，故称金沙滩。海面有一石蛙，头东尾西，随潮起潮落若隐若现，故称为"隐身石蛙"。清代诗云："岛屿蜿蜒傍海隈，沧茫万顷水天开，潮声如吼摇山岳，疑是将军拥众来。"现代学者诗文："金沙滩头平，遥望天水涌，海阔纳万物，山远断九穹，危礁傲飞浪，娇燕喜罡风，沧海无尽时，扬帆日边行。"

金沙滩有青岛最美的海滩和波涛，东侧临山敞开的喇叭型，让从黄海上吹来的强劲海风在这里掀起的浪涛总是三五成群涌上海滩，让狭长海滩显得格外壮观。"金沙滩头平，遥望天水涌。冲浪水盈盈，踏歌万里行"，诗人在《金沙滩》诗赋中，描写了金沙滩海水浴场美丽动人的画面。这里还有三宝：海参、鲍鱼和螃蟹。三宝个大肥美，营养高，据说，吃了之后有延年益寿的功效。金沙滩周围的居民都长寿，80岁以上的老人随处可见，而且体魄康健，耳聪目明，就是最好的证明。

金沙滩不但自然环境优美，运动、休息、美食、娱乐等各项功能设施也比较完善。滨海木栈道、景观长廊、高端会所、凉亭、水车、渔船等一系列精致的木质小品与大海、沙滩融为一体，展现出一幅优美的海滨画卷。这里还拥有1座大型地下冲浴中心和6座小型冲浴室，浴场于每年7月1日—9月15日对外开放。这里设置了景观休憩区、活动展演区、运动娱乐区、冲浴服务区、汽车露营区、餐饮购物区和高端VIP服务区，开展冲浪旋艇、帆船、快艇、沙滩足球、沙滩排球、飞天环车、碰碰车、沙滩篝火、潜水、皮划艇、电瓶车观光等丰富的娱乐活动，是区内最大的室外游乐园。景区内还有多处高档休闲会所、一处大型美食娱乐广场、主题酒吧、特色海边厨房，可同时满足数千人高中

沙滩

档等不同餐饮需求。旅游咨询服务中心可提供咨询、旅游代理、VIP接待、导游、导购、紧急救助等服务。2007年，中国电影表演艺术学会"学会奖"——金凤凰奖永久落户青岛凤凰岛，一座由2008年北京奥运会吉祥物"福娃"设计者、著名艺术大师韩美林先生设计的金凤凰大型雕塑"祥凤和云"也矗立于岸边，成为景区的标志性建筑。

金沙滩的美是无法形容的，这里简直就是一轴长卷画，春夏秋冬变幻着不同的颜色，向人们诉说着久远而亲切的故事。

门票： 免费。

开放时间： 全天。

交通导航： 可乘坐1路、18路至金沙滩下车，或者乘坐4路至后岔湾下车。

八大关——万国建筑博览会

位于小鱼山北面的"八大关"面积70余万平方千米，十条幽静清凉的大路纵横其间。其主要大路因以我国八大著名关隘命名，故统称为八大关。

背山面海，树木茂密，把公园与庭院融合在一起，这就是八大关，中国著名的风景疗养区。

八大关有十条马路贯穿其中，栽植的树品种各异，如紫荆关路两侧是成排的雪松，四季常青；韶关路全植碧桃，春季开花，粉红如带；正阳关路遍种紫薇，夏天盛开；居庸关路是五角枫，秋季霜染枫红，平添美色；宁武关路则是海棠……从春初到秋末花开不断，被誉为"花街"。在八大关东北角又新植了一片桃林，成为春季人们踏青的又一好去处。西南角则绿柏夹道，成双的绿柏隔成了一个个"包厢"，为许多情侣们所钟爱，因此这里又被称为"爱情角"。

如此美丽的地方，在被德国占领期间却被列为狩猎区。其第一座建筑——花石楼建于1906年，最初是德国总督的夏季狩猎别墅，中世纪城堡式样。20世纪初，德国占领青岛后，将此地划为德人居住区。

到了1931年—1937年，沈鸿烈担任青岛市长期间，将荣成路以东，北到湛山大路、南到太平湾的近千亩区域规划为"荣成路东特别规定建筑地"，要求建筑密度必须在50%以下，保护绿地，以及必须采用透空围墙等。在这片区域中有200多栋建筑，包括美国、英国、法国、德国、俄国、日本和丹麦等20多个国家的建筑风格，使八大关有了"万国建筑博览会"的美誉。其中以王节尧、王屏藩、刘耀宸、刘铨法、徐垚、张新斋、苏复轩等人为代表的中国建筑师的艺术创造更为难能可贵。他们受到西方建筑思潮的影响，已能娴熟地融汇各种建筑语言，完成有个性的艺术设计。八大关街区建筑标志着中国建筑师正式走上历史舞台，标志着青岛的建筑艺术已经摆脱了单一的殖民地色彩，成为中国文化吸纳域外文明的又一个成功范例。举凡文艺复兴式、巴洛克式、洛可可式、拜占庭式、田园风式、罗马风式、古希腊式、哥特式、新艺术风格式、折中主义式、国际式等建筑风格，在八大关的建筑中皆有所见。这些建筑整体上的协调性处理得恰到好处，细部上的表现精彩纷呈。那些爱奥尼、多利克、科林斯石柱远追2 000年前的罗马遗风，哥特式尖顶呈现了简洁与深奥的精神感召力，诸多有着精巧构思的露台、老虎窗和拱廊、挑台等无不风韵卓然，兼具实用性和装饰性，大量运用的半木构装饰亦韵味独具。这些"摩登"建筑表现了全新的建筑思维，当然还有中国建筑元素和营造法式的闪现。有形与无形之间，更多则是东西方文化理念的交汇与对话。

八关山俯瞰

门票：免费。

开放时间：全天。

交通导航：乘坐26路、31路、202路、206路、223路、228路、231路、304路、311路、312路、316路、317路、321路、370路、501路、604路、605路、隧道2路、隧道6路公交车在武胜关路站下车，或乘214路、219路公交车在"正阳关路"站下车。

山色峪——山东第一樱桃谷

在闻名遐迩的崂山西麓深处，有一处四面环山，沟谷纵横，山清水秀，景色宜人的地方，这就是素有"山东第一樱桃谷"之称的山色峪。

山色峪沿沟谷的十里长廊散落着古朴的民居200余户，石阶、石房、石墙处处浸透着浓浓的山里人家气息，每年3—4月份，樱桃花、杏花、桃花、梨花竟相开放，站在高处眺望，山色峪十里河旁宛如一条弯弯曲曲的彩练，或浓或淡，或纵或横，简直就是一幅惟妙惟肖的画卷！

樱桃在山色峪的众多果品中独树一帜，它个大、脆甜、水分多、口感佳，有其得天独厚的天生丽质。山色峪樱桃还有其久远的栽培历史。据传从明朝永乐年间起这里就栽培樱桃，只是由于交通不便、量小等原因未推广开来。近年来，山色峪大力发展林果经济，现在已达到樱桃品种近百个，60余万株，种植面积300余万平方米的规模，是岛城樱桃主要产地之一。

山色峪不仅物产丰富，自然景色也非常漂亮，境内峰峦连绵，丘陵起伏，群峰耸翠叠绿，每道山梁、每面山坡和每条山沟里都是绿树，除了果树外，其他森林植物种类也繁多。绿树掩映下是村民的石墙红瓦房，山乡特色浓郁。其中北线是货郎鼓景区，有隧道、迎客松、拇指石、垛石等景点；西线是韩信瓦景区，有狮子石、崂山水库、翁石等景点；南线是前仲湾景区，有消息树、仙人洞、原始森林等景点；中线是盘山路景区，有老虎石、蟠桃石、石洞等景点。据当地山民介绍，很多景点都有美丽的传说，而且口口相传，尽管版本不一，但都非常美好。在山色峪景区内爬山，从上蜜蜂村的山洞穿过再往右走，可见到一块形状很像大拇指的巨石，当地人称之为拇指石。这块巨石粗壮且直指苍穹，很有些奋发向上的意味。传说当年八仙赴东海巡游，途经山色峪时，忽然丛林中冒出一股黑烟，一千年的猿精挡住去路，要求八仙提携共登仙录，

山色樱桃

山色峪

并轻佻地撕扯何仙姑衣袖，吕洞宾见状大怒，举手挥剑，将其手斩落，其中拇指落在山顶，形成了现在的拇指石。

　　一路沿山谷拾阶而上，登山之余，听着动人的传说，看着溪中潺潺的流水别有一番情趣。

门票：免费。

开放时间：全天。

交通导航：坐106路、111路、312路、371路、372路车到夏庄白沙河站下车，再转乘到山色峪的免费循环巴士。

莱西湖——半岛明珠

莱西湖是胶东半岛最大的人工湖泊，有总干渠及分干渠15条，长148.5千米，支渠83条，长240.9千米，包括辇止头、江家庄、东干渠、西干渠。

莱西湖是集供水、养殖、灌溉、旅游度假、生态观光等多功能于一体的名胜之地，是当地人民于20世纪50年代为防水害兴建的蓄水工程，也是被人们誉为半岛明珠的人工湖泊。它地处大沽河干流的中上游，又名产芝水库。

大沽河是胶东地区的母亲河，多少年来，河水滋润着人类，也危害着社会。1638年以来，因河水泛滥造成的洪灾平均约十年就会出现一次。1953年汛期连降暴雨，最高时期一天的降水量就达162.4毫米，干道流量高达4 000立方米/秒，洪水漫延，摧毁了农田和人们的家园，造成的损失难以估量。为根除水患，变害为利，当地人们便在产芝村的小芝山与韶存庄北岭之间修建大坝，调节洪水。由于当时无先进技术和挖掘机械，全靠锹镢挖、篙头刨、木车推、土筐抬、肩膀挑。工地上每天人山人海，昼夜苦干。到1959年9月大坝终于建成，虽均质土坝，但它的灌溉面积已达21.57平方千米。

1988年，莱西湖生态旅游景区开始规划建设，并辟有青岛及莱西市的工业、生活用水渠道多条，每年可供水5 000万立方米以上。莱西湖建成以来，为当地的防汛、抗旱发挥了重要作用。同时也带来了巨大的经济效益，"游莱西湖，品淡水鱼，靠水吃水，俺发的是鱼财"，说出了人们的心声。莱西湖还在"旅"字上做文章，以莱西湖为主体，以四周田园风光、林木与自然景观、宗教、民俗文化为依托大力发展旅游业。浩渺的千顷湖面，既有烟波又有苍松翠柏，一望无际的大片天然林地，自然环境优美，负氧离子含量高，有天然氧吧之称；湖内盛产鱼类，多达30余种，自产的银鱼、鲫鱼、鲢鱼、鲤鱼等肉质肥美、营养丰富。借助该优势推出的包括128个品种的"一餐吃遍天下鱼"的"全鱼宴"，享誉胶东。

莱西湖风光

门票： 门票免费，游艇（1～10人）200元，包船一条（1小时）1 800元。

开放时间： 全天。

交通导航： 在青岛各车站乘坐青莱快客直达莱西市车站，再换乘8路车到达莱西湖景区。

第 3 章

回忆青岛，梦的世界

中山公园——面朝大海，春暖花开

青岛中山公园背靠太平山，南邻汇泉湾，东与八大关建筑群相连，西挨名人雕塑园，总占地面积75万平方米。园内层岩叠翠，树郁葱葱，亭台楼阁，碧波荡漾，曲径通幽，景中有景，园中有园。

中山公园的历史，可追溯到明代的小渔村——会前村。据传公园1457年（明英宗天顺年间），有王姓始祖王龙、王虎兄弟二人携家眷自云南来到太平山西南坡立村，取名会前村，并建家庙"明秀堂"，村民以打鱼为生，世代繁衍。后来到1898年，德国强占胶州湾、威逼清政府租借青岛，并先后于1902年和1905年将会前村的全部土地收购，废村拆房，辟为植物试验场。共建林木园地约百万平方米，果木园地约4万平方米，集中世界各地的花草树木170多种、23万株。其中最富特色的是从日本移植的2万株樱花，形成了此园特有的景色，并逐渐成为以树林、果园、花木为主的公园，后取名为"森林公园"。1914年日德战争后，日本取代德国统治青岛，又进一步扩种樱花，形成了一条长近1千米、贯通公园南北的樱花长廊。公园先后更名为"旭公园""会前公园"。

1922年我国收回青岛主权后，将公园改名为"第一公园"。为纪念中国民主革命的先驱孙中山先生，于1929年5月又将公园更名为"中山公园"，此名一直沿用至今。新中国成立后，青岛对公园进一步规划建设，使公园景观日臻完美，成为在国内颇有影响的综合性公园。

现在公园以植物品种繁多为特色，有观赏树种360余种，共10万余株。其中，日本油榧、车轮梅、日本厚朴、美洲肥皂荚、长柄栎等已是难觅的国内珍稀树种，更有被称为青岛十景之一的东洋樱花树。樱花路与公园大门正对，直通动物园内，成为中山公园的主干道。路两侧上万株樱花重重叠叠，形成了美丽的樱花长廊。至每年5月上旬淡粉色的单瓣樱花和浅红色的重瓣樱花堆满树枝，争奇斗艳，灿若云霞。

园内风景（一）

园内风景（二）

公园内还有会前村遗址、小西湖、藤萝长廊、喷水池、牡丹亭、孙文莲池、桂花苑，更有游乐场、索道等。每年园内都要举行各种丰富多彩的文化娱乐活动，吸引着大批国内外游客。

门票： 免费开放。

开放时间： 7：00—18：00。

交通导航： 可乘6路、15路、26路、31路、202路、206路、214路、223路、228路、231路、302路、304路、312路、316路、317路、321路、501路、604路、605路、隧道2路、隧道6路公交车在中山公园站下车。15路、219路、220路、302路、368路、370路、604路在小西湖站下，从侧门进入公园。或乘3路至动物园站，从动物园北门（不需购票）穿过动物园进入中山公园。

鲁迅公园——蓬壶胜览

位于汇泉湾西侧，与汇泉角隔海相望的鲁迅公园又名若愚公园、海滨公园，总占地面积4万平方米，为汇泉景区第一景点，也是青岛最富特色的临海公园。

　　青岛鲁迅公园以黑松林带、海湾和礁石丛相互交织，构成了海滨上的自然风光，园内还建有海豹池供游人观赏。该园赭红色礁石层林叠起，形成了形态各异的天然丘壑。悬崖断壁，海浪搏击，景色颇为壮观。园内道路依势而成，起伏自然，筑有小桥流水，曲径通幽。伴以茂密的黑松林，再加上凉亭、水族馆等建筑的点缀，形成一幅瑰丽的海滨风景图画，成为游人赏景、垂钓、观潮、听涛的理想地。著名的"汇滨垂钓"，20世纪30年代更被誉为青岛十景之一。

鲁迅公园

　　追溯鲁迅公园的历史，当年德国侵占青岛后，相继在沿海各处营造海岸防风沙林带。那时，汇泉湾北侧之地也开始逐年种植黑松林。直到1903年，毗邻的第一海水浴场建成，当局招徕东南亚各国及京、津、沪的欧洲商人来青岛避暑，海水浴场作为外国人的乐园，浴场西北侧的黑松林带自然就成为游人赏景观海的场所。1929年日本侵占青岛城，将这里的黑松林带改建为"曙滨公园"。中国政府收回青岛后改称"海滨公园"。后来人们又借其依山傍海的自然环境，依势造型，扩大了公园的规模，在莱阳路临海崖坡上砌石铺路，修筑亭台楼阁，并以青松、冬青为篱落，辟建了花畦，修筑小型的挡浪坝和石基路面。同时，在公园内开始兴建具有民族古典风格的楼阁，用以陈列海洋生物，题名为"青岛水族馆"。1931年12月，当局又将公园更名为"海滨公园"。后为与山海关路的海滨公园相区别，复更名为"莱阳路海滨公园"。

　　中华人民共和国成立时，青岛公园已初具规模。1950年，为了纪念鲁迅先生，公园遂改名为"鲁迅公园"。同时对公园进行大力整修：铺设园路，将木质牌坊底座立柱改为石质，补装台阶、修观景亭、将牌坊顶部的吻兽改为和平鸽造型，并开创了在古建筑上采用新的动物造型的先例。公园正门入口处立着中国古典式的石牌坊，正面书写"鲁迅公园"四字，背面刻有"蓬壶揽胜"，是中国著名的碑帖书法家郑世芬所书。1966年，公园内又建造了面积为700平方米的露天海豹池。迎门口还于1986年10月添置了鲁迅先生花岗岩雕像，系鲁迅先生逝世50周年之际青岛全市青年捐款所建。同年公园为保留原貌，修旧如故，重新彩绘牌坊图案；在公园西南角开修了一条通向小青岛公园的道路。 1988年，将公园原来的铁丝网状围栏改成方钢围栏。同年又开始砌护土树池、砌护坡、铺设草坪、施肥、培土等。2001年，新建"鲁迅诗廊""呐喊台""鲁迅自传碑"等景点，是一处别具特色的海滨公园。

　　游览鲁迅公园，沿正门的石径而下，鲁迅塑像矗立在圆形的花畦之中。石径两侧青松成排，迎面为岩礁和大海。岩礁上部赭红，底部灰褐，在大海的映衬下，越发显得熠熠生辉。岩礁底部长满坚硬的牡蛎，沙汀内散落着各种贝壳，游人往往顾不上沿小径漫步，却在礁石丛中穿行，不时地拾起五光十色的

鲁迅公园风景

彩贝，捡起海浪冲来的海藻。沿园中曲径漫步，别有一番情趣。石砌的小径，回环曲折，高低起伏。一侧是葱郁蔚然的松林，一侧是嶙峋岿然的礁滩，突起处有石砌台阶，折角处有西式凉亭，漫步其间，十分惬意。临海观潮，另是一种意境。坐在礁石之上，观眼前浪花舒卷，起伏跌宕，大浪涌来只见"乱石穿空，惊涛拍岸，卷起千堆雪"；潮涌过后，涛声寂然，水面上留下一层晶莹洁白的水沫，波光水色，煞是好看。远处的海面，风帆点点，鸥鸟竞翔，游人无不为眼前的景色而陶醉。

门票： 免费。

开放时间： 8：00—18：00。

交通导航： 乘坐6路、26路、202路、214路、223路、228路、231路、304路、311路、312路、316路、321路、501路、504路、都市观光1号线、机场巴士2号线、隧道2路、隧道6路车，到鲁迅公园（又名海底世界站）下车。

信号山公园——历史的痕迹

位于青岛市市南区中部龙山路17号的信号山原名大石头山、五龙山，海拔98米，占地面积63 936平方米，绿化覆盖率93%。园内规划独具匠心，神形兼备，是青岛十个山头公园之一。

此山原名大石头山、五龙山，青岛建港后，人们在山上建造信旗台，专门为帆船及轮船驶入港湾时传递信号，因此得名"信号山"，同时又被称为"挂旗山"。

1897年德国侵占青岛时，曾在信号山山顶架设炮台，并在山上建立占领青岛纪念碑。还将山名改为"棣利士山"，以纪念侵占青岛的德国东洋舰队的司令棣利士。日军侵占青岛后取代了德国的地位，又将棣利士山更名为"神尾山"，以纪念侵占青岛的日军大将神尾，并仿照德国建立了日本占领青岛纪念碑。这些曾使中国人蒙受巨大耻辱的碑刻早已被凿去，仅留遗迹。1922年，青岛收回后，此山遂定名为"信号山"。

信号山的设计匠心别具，旋转观景楼、蘑菇亭、玉兰亭、休息长廊、露天茶座、六角亭、拱桥、雕塑、壁画等，这些高低起伏的景点，错落别致，构成了一幅恬静、优美、鸟语花香的园林景观。尤其是山顶三个不同高度的红色圆顶蘑菇楼，它寓意着中国古代用于传递信号的三支红色火炬。坐落在信号山的观景楼上，极目远眺，青岛的全貌及汇泉湾的美景尽收眼底。那美丽的栈桥、秀丽的小青岛与碧蓝的大海交相辉映，还有山上的绿树红瓦在水光山色的映照下，更加熠熠生辉。更有信号山茶楼前临碧海、背依青山，会让您在游玩中得到休闲，在休闲中尽情地享受美好的海滨自然风情。

远观信号山公园

门票：15元/人，儿童身高1.3米以下免票，1.3～1.5米购儿童票7元，老人票60岁以上持老年证购老人票5元。

开放时间：7：30—18：30。

交通导航：可乘1路、25路、214路、217路、225路、228路到青医附院站下车。

十梅庵公园——梅花之乡

位于青岛市李沧区老虎山北麓山坡上的十梅庵村东南侧的十梅庵公园，总占地面积110万平方米，最高海拔208.3米，最低处39.8米，是一处以梅花、碑刻为特色的山林公园。

　　十梅庵公园，自然和梅花有关。此公园三面环山，其内仅种植的梅花就达4 000余株，系我国北方最大的梅园。同时园内还引进了火炬树、黑松、雪松等近5万株。并在园内树立了由我国150名书法家书写的"咏梅书法碑廊"，以及尼龙网和钢架构筑的巨大鸟禽园。它已成为集度假、游览、休憩为一体的山林公园。

　　相传古代这里只是一片荒山野岭，并无梅花。后来有十位美丽的女子在此结草为庵，结伴修炼，终于得道成仙而去，留下十株高大的梅树，盛开的梅花艳似朝霞，白如瑞雪，于是就有了"十梅庵"这样一个富于传奇色彩的名字。

　　这里是著名的风景名胜崂山西部山脉的延续山地，园内青山绿水，山石嶙峋，重岩叠嶂，松柏苍翠，槐花飘香，冬隔朔气，夏纳凉风，相益相容。园区设计将自然风光与游乐空间完美结合，主要有花卉园艺、梅岭雪海、摩崖石刻、艺术碑林、民族风情、禽鸣苑、水上乐园等十二大景点。一年一度在这里举办的青岛梅花节更使她增色不少，成为游人初春赏梅的最佳场所，堪称现代都市中心的世外桃源。

门票： 15元/人。

开放时间： 全天。

交通导航： 乘坐213路、364路公交车可直达十梅庵公园。

汇泉广场——梦幻之境

位于市南区的汇泉广场是青岛城最大的草坪广场，周边以花、灌木、水杉为依托，层次分明，景色绚丽。广场建有国内最大的音乐喷泉，喷灌时可形成绿茵飞虹的壮丽景观。

　　游人站在小鱼山上向东极目眺望，可看到笔直的文登路将汇泉广场一分为二。路的北侧是修剪整齐的草坪，初春时期，细茸茸的小草灿如海洋、翠如碧毯。草坪内侧的各种灌丛花木扶疏，暗香四溢。外侧是高大乔木，美丽的雪松郁郁葱葱；号称"活化石"的水杉更是挺拔俊秀。远远望去，广场的树木与近邻的中山公园的林木浑为一体，如若青色的山林。路南激光音乐喷泉如高耸的碑塔般巍然矗立在一泓池水之中，地面为石板铺砌，四周围以绿篱、花圃和护栏。这一现代化的人造景观与路北的天然草坪，形成两种截然不同的情调，常令游人流连其中，如痴如醉。

　　德国占领青岛之初，这里曾被作为练兵场和训练用的跑马场。后来，随着旁边海水浴场的兴建，德国人便开始在此举办马会大赛，并出售马票博彩，还在马场周围开辟了运动场，开展棒球、网球、高尔夫球、曲棍球、射击等健身运动及各种娱乐活动，使得此处逐渐成为名扬东亚的旅游娱乐区。日本取代德国占领青岛后，继续沿用。20世纪20年代中国收回青岛，这里并没有发生多大

喷泉喷射场景

汇泉广场南侧

变化，仍供打球、赛马等博彩及娱乐活动使用，而且还把赛马发展到每月举办一次。到了20世纪30年代，赛马会达到鼎盛，每月举行4次。来自外地的游客每到周末纷纷抵青岛参与博彩。1938年，日本再次占领青岛，赛马场被废用，直到1940年9月恢复。日军投降后，南京国民政府在跑马场举行驻青岛日军的受降仪式。1946年，青岛市政府改组青岛赛马会，组建青岛赛马协会，官商合资经营赛马。1947年停办。新中国成立后，跑马场被彻底废除，改为人民广场。20世纪60年代，在广场北端建造了一座主席台，成为青岛市大型集会的主要场所。1982年，广场主席台被拆除。现为一片绿地。

如今汇泉广场南边的部分，又建造了国内最大的电脑音乐喷泉，水池长100米（象征青岛建市100周年），宽30米，并在水池东西两侧设置了30门长为1.8米的铸铜大炮喷头。池中还有3 000多个喷头及各色彩灯，喷水时泉水随着音乐的变化转换造型，只见珠光四溅，五色斑斓的水雾飘散在空中，如入梦幻之境。水池中心还建有36.5米高的三角玻璃雕塑，象征着青岛的一年365天，天天向前发展。

门票：免费。

开放时间：全天开放。

交通导航：乘坐6路、15路、26路、31路、202路、214路、219路、223路、228路、231路、302路、304路、306路、311路、312路、316路、321路、368路、370路、501路、604路、605路、都市观光1线、都市观光3线、隧道2路、隧道6路车海水浴场站下车。

音乐广场——跳动的音符

住于青岛市浮山湾畔的音乐广场以音乐为主调，共分有五个区域：软雕塑区、椭圆广场区、观海台、树阵区、偏心广场、地下购物商场。

　　地面乐谱书、数字钢琴王和全场背景音响共同构成了音乐广场的主题，它是目前我国最大的以音乐为主题的文化娱乐休闲广场。在广场的中部建有软体雕塑——音乐之帆，它由两个直径不同的圆形组成。雕塑为乳白色的锥体形象，分上下两片，高20米，覆盖面积达500平方米。音乐之帆的造型给人以丰富的想象空间，白天它如满风之帆，迎风飘扬；夜晚还会随着场内灯光变化不停，迸射出异彩的光芒。帆的下面还架设了一架集科学与艺术于一体的雕塑——仿真的数字石制钢琴，供游人娱乐。轻轻地摁下琴键，方圆几千米都能听到那优美的钢琴旋律。而且这架"世界上最大的数字钢琴"已申报了世界吉尼斯纪录。

　　广场的东南部为椭圆形广场区，由不同直径和平面高度的椭圆组成。广场造型随着椭圆的弧度呈放射状排列开来，其中心部位的椭圆为红色花岗岩的磨光板，上有乐器组合图案的浮雕。最北侧的部位还排列由12支伞状模结构雕塑形成的观海长廊，外观形状与"音乐之帆"相映成辉。椭圆广场区主要为平时演出所用，经常会有一些业余和专业的团体在这里举办音乐会和文艺演出。

　　广场西南部建有观海台，宽12米，长30米，并在地面用钢条切割为一本翻开的乐谱书。书上谱写着十几首著名的世界曲谱，这本乐谱制作很真实，也很完美。在这些音符下还装有按压式感应器与电脑音响紧紧相连，可随游人的踩踏播放百余首不同的音乐，妙趣横生，堪称国内首创。

　　西北部是地下文化购物商场区，商场区内用绿色幕帘制成的出入口和一个采光天窗分别伏卧在绿树碧草中，宛如宝石般晶莹剔透。商场以出售与音乐有关的乐器、书籍和有青岛特色的旅游纪念品为主。商场内设音乐茶座，可办音乐沙龙。

三层开放式圆弧型平台，上面有修剪整齐的欧式绿篱模块和马牙石嵌草铺装，48棵法国梧桐排列有序地分布其中，形成树阵，故为树阵区。平台上均匀分布的木格式桌凳供游人小憩。

广场的整体照明灯具造型也非常新颖别致，有吊篮灯、高杆帆形灯、草坪灯、锥形庭院灯、折射埋地灯、效果射灯等近百盏。每至夜晚，华灯齐放，五光十色，明暗相间，人们仿佛置身于梦幻之中。广场全部绿化以草坪、花钵、模纹绿化带，与树阵搭配，总的排列布局犹如音乐般流畅。并在近海处栽有40个石制花钵的阴绣球，沿着防浪坝环绕摆放。东部以法国梧桐树为主的树阵结构，则为人们休闲提供了方便。另外加之以小龙柏、石岩杜鹃、龟甲冬青、金叶女贞等组成的大模纹花带，则衬托出广场宏伟壮观的气势。广场的地势高低错落，一收一放，一幽一邃，一疏一朗，高处谋其景，低处谋水色。幽邃处花木掩映，疏朗处帆影翔集，海天自然环境与典雅融为一体，与极具现代韵律的音乐广场融为一体，一步一景，目不暇接。

门票： 免费。

开放时间： 全天开放。

交通导航： 乘坐2路、6路、7路、9路、18路、21路、22路、27路、31路、801路即可到达。

五四广场——爱国的基调

五四广场因五四运动而得名，广场分为南北两部分，分布于中轴线上的有点阵喷泉、海上百米喷泉、"五月的风"雕塑、隐式喷泉等。

这里以四季常绿的冷季型草坪植物为主调，并用冬青、小龙柏、紫叶小檗、金叶女贞、月季等装扮，构成了大色块的花园地带，加以合欢、松柏、耐冬等花木点缀其中，与主体雕塑和海天自然环境融为一体，俨然已成为青岛新世纪的地标，它就是"五四广场"，位于青岛市市南区东海西路，占地面积达10万平方米。

五四广场之名源于著名的爱国运动五四运动，而五四运动则因青岛的主权问题而起。自1897年德国占领青岛后，中国人民就一直为收回青岛的主权而努力。1914年日本取代德国占领青岛后，引起全国人民强烈不满。1918年11月第一次世界大战结束，1919年1月巴黎和会召开，中国以一战战胜国的资格出席并参加"和平会议"，在会上我国提出了收回青岛主权等正当要求，却遭到美、日、英、法等国的拒绝，还强行将青岛的主权转让给日本。消息传来，举国震惊。国人不满巴黎和会的无礼分配决定，以北京学生最先开始，于1919年5月4日举行游行示威，强烈要求中方代表拒绝签约，高呼"还我山东，还我青岛""誓死力争青岛主权"等口号。学生的爱国行为很快便得到全国人民的支持，在全国人民共同的反对声中，当年的北洋政府被迫拒绝在巴黎和会上签字，粉碎了日本企图永久侵占青岛的阴谋。1922年12月12日，在中国人民的英勇斗争下，终于收回了青岛主权。当局政府鉴于青岛与五四运动这一特殊的关系，便将当时这个新建的广场命名为"五四广场"。

五四广场

　　五四广场中轴线自北向南依次排列，是露天演出的下沉式广场。在广场中轴线海岸堤坝上，建有我国第一座海上百米喷泉。喷泉设计采用先进的高压水泵，喷涌的水柱高达百米，十分壮观。因为是从海里直接抽取的海水，所以在设计时选择了距岸边160米的距离，主要是防止喷泉的水雾对岸边的设施及草坪造成腐蚀和盐化。夜色降临，在灯光照射下，喷水如银练般从天而降，绵绵不绝的水汽化作一片银纱随风徐徐飘来，整个广场都笼罩在云雾之中，更显其无尽的魅力和意境。旱地点阵喷泉乍看只是普通的石面广场，而实际却隐伏着横竖各9排，共计81处地下喷泉，可按不同形状、高度进行喷射。从喷泉广场南望，一座高大、雄伟的火炬型红色雕塑耸立在五四广场南端半圆形的广场上，这就是青岛城市标志性雕塑"五月的风"。这座重近700吨的巨型雕塑，通体用钢板焊接而成，高近30米，直径为27米。雕塑突出了青岛作为五四运动导火索这一历史背景，充分体现百年青岛对历史和民族荣辱兴衰的追忆。雕塑周围是开阔的绿地，草坪、灌木和乔木构成了林带，可谓花开三季，四时常青。其前方为露天广场。露天广场由半圆形四级观众看台和圆形露天舞台组成，舞台下的地下室是五四广场的办公室和总控制室。每当节假日及重大活动时，露天舞台上会举行各种演出。标志性雕塑"五月的风"，以螺旋上升的"风"造型，火红色，体现了五四运动反帝、反封建的爱国主义基调和民族力量。

门票： 免费。

开放时间： 全天开放。

交通导航： 乘坐317路、601路、都市观光1线、都市观光3线公交车在"五四广场"站下车；或乘25路、26路、31路、104路、110路、224路、225路、228路、231路、232路、304路、311路、312路、314路、316路、321路、374路、402路、501路、502路、761路公交车在"市政府"站下车即可。

百花苑——美景佳人

百花苑又称万国公墓、文化名人雕塑园，始建于1984年，是青岛城首座规模较大的纪念性园林。

　　这个地方依地势而建，内有两条水溪，并建有日月潭、莲池、钓鱼场、花溪、同心桥、岁寒三友、龙虎樽、合欢林、红透金秋、白雪花神等十余处景点，植有110个品种花卉约8 000株，以及上百个品种的乔灌木2 600余株。这座以鲜花、植物装扮的园林，就是位于青岛市市南区延安一路的百花苑，它北依青岛山，南临中山公园，占地面积8.25万平方米。

　　百花苑在被德国占领时期为专门埋葬外国人的墓地，被称为万国公墓。1901年，德国第二任青岛总督耶施克死后葬在这里，包括德国著名的植物学家、汉学家福柏教士也葬于此，曾立有纪念碑。20世纪70年代这里被开辟为苗圃地，1984年改建为百花苑。1995年著名雕塑家精心设计创作了20位已故青岛籍贯或客居青岛成就卓著的文化名人雕像，这20座名人雕塑散落在百花苑中，蒲松龄、康有为、高凤翰、老舍、沈从文、闻一多、华岗、杨振声、王统照、洪深、吴伯箫、童第周、刘知侠、王献唐、朱树屏、毛汉礼、束星北、林绍文、张玺、赫崇本，每尊雕像都神态各异，栩栩如生。他们有的慷慨激昂，有的极目远望，有的侃侃而谈，有的低头沉思，无不惟妙惟肖。每尊雕像旁边树立着其生平介绍，向人们展示了先驱们卓越的功勋和奋斗历程。置身于名人雕塑区，细细品味名人一生，犹如打开了一部部历史镜头。倘佯其中，文化名人的喜怒哀乐、言谈举止，甚至于他们的气度、胸襟，无不令人叹服。名人雕塑的建成，再现了青岛市文化界、科技界、卫生界已故文化名人生前的音容笑貌，逼真地刻画了名人个性特征及文化内涵。在此尽可领略中国文化的博大精深，感叹科学技术的突飞猛进，留下不尽的回味。

百花苑

名人雕塑

　　园内山峦层起，石径通幽，蜿蜒曲折；春来繁花似锦，芳草如茵，溪流声声流转而来，更有四季常青的树木荫翳，使百花苑充满生机。一座座名人雕塑错落有致地分布其中，或立，或坐，深情专注，惟妙惟肖，为百花苑平添了许多人文气息。人文景观与自然景观充分融合，加之远方不时传来阵阵袭人的幽香，声声悠扬的丝竹之声，置身其中，如痴如醉，如诗如画。一对对新人被这美妙的景致和意境所吸引，总喜欢在新婚之日来到这里，在清香碧绿中留下永恒美好的回忆。于是，这里便有了"碧水映绿树，美景衬佳人"的说法。

门票： 5元。

开放时间： 6：00－21：30。

交通导航： 可乘15路、219路、220路、302路、604路公交车抵达。

青岛电视塔——世界第三塔

位于青岛市南区的电视塔是一座旅游观光电视塔，塔高232米，主体全部由钢结构组成，具有电视接收、发射和旅游娱乐多种功能。

　　青岛电视塔座落在市中心榉林公园内116米高的太平山上，榉树葱郁的青岛榉林公园于1984年依山而建，占地约26万平方米，曲径蜿蜒。园内建有榉林乐园、母子像、人工湖、走廊等景点设施。20世纪90年代，又在海拔110米处的太平山上新建了一座旅游观光电视塔，即青岛电视塔。

青岛电视塔

　　这座电视塔由上海同济大学马人乐先生设计，于1993年元月6日奠基，1995年竣工。塔由塔冠、塔蝶、塔球三部分组成。地面三层为塔冠，最大直径为56米。一层主要设有多功能厅、贵宾厅、迷你剧场、商务中心。在大厅的左边有一个小型舞台作为平时拍照的背景。它背后是一个绿色有机玻璃的大型仿真瀑布，也称为水幕，是电视塔的一大景观。二层设有精品商场、快餐中心，三层设有旅游纪念品商场。塔身为八面体钢架结构，边是抛物线型。塔身中间有一直径10米、高90米的玻璃幕柱，内有三部电梯和一个爬梯作上下交通之用。其中，运载游客的两部电梯每秒运行速度为2.5米，43秒即可到达海拔226米的旋转餐厅。塔蝶直径为32米，有一旋转平台。塔蝶之上有一个宽度4.5米的环形露天观光平台。坐电梯再上一层可以到达130米处的塔球，塔球表面用玻璃封装分四层。

　　青岛电视塔以其创意新、选点好、功能布局合理、色调协调及综合规模宏大等特点，成为仅次于法国埃菲尔铁塔和日本东京电视塔的"世界第三"塔。它具备同时发射五套广播调频节目、六套电视节目和直转微波功能。同时还可利用塔的高度和内部空间开展旅游观光等项目。乘高速电梯升至160米的旋转餐厅，可眺望海上日出、海天月色，岛城风光尽收眼底。

　　由于电视塔离中山公园非常近，所以游客可以选择与中山公园一同游览。中山公园内的索道可直接通往电视塔塔基，即使步行到电视塔也只需十分钟。

门票： 根据游览区域不同，门票价格分别为：100元、80元和50元。

开放时间： 8：00—20：00（旺季）；8：45—17：30（淡季）。

交通导航： 乘坐1路、3路、15路、25路、302路、307路、308路等公交车在延安二路站下车转乘免费班车；延安二路三百惠门前班车点至电视塔停车场每隔半小时免费班车接送。

北岭山森林公园——水源地山

北岭山森林公园有水清沟南山、水源地山之称，是青岛市内十处山头公园中占地面积最大的一处。

　　日本第一次侵占青岛时期，曾在市四方区四流南路北岭山建一处提水站，当地居民遂称此山为"水源地"。新中国成立后，这里被定名为北岭山。1984年，由于四方、沧口两地工厂集中，宿舍密集，人口众多，为了给附近的职工和儿童提供活动场，便设计规划了植物观赏区、动物展览区、儿童活动区、安静休息区四大功能区，整体占地面积46.54万平方米，由12个起伏较大的山头组成，主峰海拔116.4米。而因其地处北岭山，遂被命名为"北岭山森林公园"。

　　植物观赏区建有月季园1处、犀牛雕塑1座、长廊1处；安静休息区建有"待月亭"1座、"待霜亭"1座及石桌、石凳；动物展区建有鼠宫猫舍1座、猴笼1座、孔雀笼1座、雉鸡馆1座；儿童活动区建有水上娱乐区，亭台楼榭、环湖路

园内植物

北岭山森林公园

及攀登架、滑梯等游乐设施。1991年5月，改造人工湖，建成钓鱼场，并开展钓鱼活动。同年10月四方区首届菊展在钓鱼场举办，个人参展，展出菊花百余个品种，共计3万多盆。1994年，对公园植物进行调整补充，种植马尾松、雪松、樱花等1 000多株，补栽月季几千株。

园内山体自然生长着刺槐及松柏类树木，山草茂密，植被条件较好。新中国建立前，因战事树木曾遭砍伐。新中国建立后，在市区大规模植树造林。1955年前后，大量种植马尾松、刺槐，成活率较高。60年代中期，建青年林。1994年建园时，主要种植黑松等近3万株，沿人工湖种植垂柳及多种花、灌木。经过多年不断调整，结合天然山矶，充实植物品种，突出山林野趣，绿化水平有所提高，绿化覆盖面积达到96%。园内主要绿化树种有垂柳、马尾松、樱花、黑松、雪松、碧桃、耐冬、月季、千首兰等，铺栽草坪3万平方米。2005年，全园有各类乔灌木60多种，多达5万多株。

门票：免费。

开放时间：全天。

交通导航：乘坐5路、24路、30路、224路、302路、305路、309路、325路、362路、366路、367路、371路、373路、609路即可到达。

奥林匹克帆船中心——奥运会的比赛地

青岛奥林匹克帆船中心即青岛国际帆船中心，是第29届奥运会水上项目的比赛地。

在青岛市著名景点"燕山秋潮"的东南角，为了奥帆赛的需要建造了青岛奥林匹克帆船中心。该地依山面海，风景优美，2008年第29届奥运会和第13届残奥会帆船比赛在这里举行。

青岛奥林匹克帆船中心分为陆域和水域两部分。陆域工程主要包括行政与比赛管理中心、运动员公寓、运动员中心、媒体中心、后勤保障与功能中心五个建筑单体以及环境等配套工程，水域工程包括主防波堤、次防波堤、突堤码头、奥运纪念墙码头、护岸改造等水工工程。其中，奥运纪念墙码头、次防波堤、突堤码头围合的港区面积约15.5万平方米，主防波堤与突堤码头围合的港区面积约7.5万平方米。此外，在赛时还增设了一些临时性的建筑及设施，以更好地满足奥帆赛的需求。如突堤码头上建的临时性的测量大棚，奥运纪念墙码头西侧建的一个浮码头供观众停船使用。

行政与比赛管理中心位于赛区北侧，属高度安全区。该中心赛时功能包括赛场管理办公区、码头管理机构、安保机构办公区、比赛管理中心、餐厅等功能区，赛后用作国家帆船队海上训练基地。奥运村是北京奥运村的一个分村，所以称为"奥运分村"，位于赛区北侧，属高度安全区。赛时功能包括居住区等，赛后它与运动员中心一起用作五星级酒店。运动员中心位于奥运分村和陆域停船区之间，属高度安全区。赛时功能包括奥运分村国际区和部分竞赛区。场馆媒体中心位于赛区南端，属高度安全区。赛时功能包括新闻宣传和电视转播等功能区，赛后用作帆船会所。后勤保障与供应中心位于赛区东部边缘，属高度安全区。赛时功能包括后勤供应管理办公和赛场保洁维护办公两部分，赛后用作商业或健身会所。奥运纪念墙码头位于裁判船停船区西侧，结构形式采用沉箱重力式结构。主要功能是分隔不同船只停泊区域，满足水域的分类要

奥林匹克帆船中心

求，设置奥运火炬台。主防波堤位于港区的南侧，结构形式外侧采用斜坡式结构，内侧采用沉箱重力式结构。主要功能是防御外海波浪对整个港区的侵袭，保证港区内水域建筑物的安全及泊稳条件满足比赛要求；同时，主防波堤内侧的码头可停靠各种型号游艇，并提供维修、船库等功能用房。测量大厅码头位于港区的两个港池之间，采用沉箱重力式结构，主要功能是满足比赛期间的帆船测量。陆域停船区位于运动员中心与场馆媒体中心之间，岸线为直立式岸壁，并设有下水坡道，主要功能是用作船只停放。

门票: 免费。

开放时间: 全天。

交通导航: 乘坐26路、33路、104路、110路、125路、304路、311路、312路、314路、316路公交车，110路支线、228路环行、231路环行、12路环行、31路环行、312路区间无人售票车、321路分段记站车、501路豪华空调、701路、802路豪华空调大站车到浮山所站下车；乘坐208路、224路、225路、369路公交车到燕儿岛站下；乘坐319路、369路公交车，601路环行车到东海路站下。

第 4 章

建筑的沉淀

湛山寺——湛山清梵

位于青岛市湛山西南部的太平山东麓的湛山寺是中国最年轻的名刹之一，占地约1.5万平方米。院内有三圣殿、大雄宝殿、天王殿及客舍。三圣殿后设有藏经阁，内藏古代佛像及旧藏佛经6 000余册。

湛山寺依山面海而建，风景优美。游人来此进香、游玩，可从山门而入，走到藏经楼总共四进，皆仿明代宫殿建筑。明柱外露，木石结构。分中、西、东三个院落，中院有天王殿、大雄宝殿、三圣殿、藏经楼。寺西院有炎虚法师纪念堂、三学堂和斋堂。东院设有安养院和素香斋，供老僧颐养天年及宾客食宿。寺东南有如来宝塔，与寺相辉映。

湛山寺的所属流派为佛教天台宗，创办的首位主持为当代名僧炎虚，"海内高僧飞锡而来，弘一大师宏开经筵，十方佛子华聚，善男信女群集"，一时盛极，遐迩著称。20世纪80年代以来，欣逢盛世，重修梵宇琳宫，金碧辉煌。湛山寺法运昌隆，梵行庄严，中外信徒倾心皈向，再创历史之鼎盛，增时代之光辉。

湛山寺

寺院风景

　　寺庙前蓄山泉之水而成放生池，池畔有兰亭，白玉观音菩萨立于池中，白玉栏杆护清波，水天一色洗尘埃。山门前一对石狮，肃立法门。石狮雕琢精细，系明代青州衡王府遗留的珍品。山门横匾金字"湛山寺"，门旁两侧"常住、三宝"，东西石墙"转大法轮""佛日增辉"皆为炎虚法师手迹，笔意古拙，超凡脱俗。

　　入山门后即至天王殿，内供无冠弥勒菩萨，左右为四大天王，后则为"大雄宝殿"的护法韦驮菩萨。大雄宝殿是寺院僧众早晚课诵和法会朝拜参修的殿堂。宝殿庭院阔大，青松参立，石板铺路。大殿雄伟，内供释迦牟尼佛、大智文殊菩萨、大行普贤菩萨，左右为16尊者塑像，殿后供海岛观音。西边三圣殿，殿前石庭平舒宽展，更显广庭崇殿的庄严肃穆。殿内供阿弥陀佛、观世音菩萨、大势至菩萨和地藏王菩萨，殿两旁为功德堂。殿前有横匾"海印遗风"。明代高僧憨山大师德清公，曾建海印寺于崂山那罗延窟之旁，后憨山被诬，罪谪广东韶州，海印寺被毁，从此佛法绝迹。300年后，居士捐资，炎虚弘法建湛山寺，诚者称炎虚为憨山再来，便于三圣殿前悬挂"海印遗风"金字匾额，以志因缘。三圣殿后为藏经楼。藏经楼，古式阁楼、上下层，坚固防火，风格独特。内藏《乾隆收大藏经》724函共7 240册，收录佛教典籍1 675部，为我国古代最大官刻汉文大藏经之一。另外收藏有香港版《大藏续藏经》，精装151册，为影印本，正藏之续编。寺东南的药师琉璃光如来宝塔为八角七级塔，塔中内空三层。近年来，湛山寺募缘筹资重修此塔，精工制作金色铜质药师佛像千尊，从中国台湾请米铝制红体金色佛像塔两座，一并供设塔内。

门票： 8元。

开放时间： 8：00—17：00。

交通导航： 乘坐206路、310路、370路、604路公交车至湛山寺站下车。

华严寺——九天幻境

位于青岛市崂山区王哥庄镇返岭后村西那罗延山上的华严寺又名"华严庵""华严禅院"，属佛教临济宗，为崂山景区中现存的唯一佛寺。

崂山中现存唯一佛寺——华严寺，它的前身是由明崇祯时即墨人黄宗昌捐造的，名华严庵，亦称"华严禅院"，后毁于战火。清初黄坦助慈沾禅师又重建于今址，1931年改名为"华严寺"。

走进华严寺，只见四周雕栏画柱，仅外檐木柱就有20根，两端饰"螭吻"，檐角饰"嘲风"。前为幕式墙，门窗紧密结合在一起，穿堂门，无后窗，顶披黄绿琉璃瓦，雕甍高约40厘米，镂空云龙。寺院共有四进：第一进原有僧舍12间。第二进为藏经阁，建在4米多高洞形的山门之上，呈方形；阁高8.2米，宽13.8米，深8米。阁中央立有四棱形石柱，木构架成的抬梁式屋顶，为重檐歇山式。登阁远看，浩浩荡荡的大海直入眼底。西南群峰林立，阁下松竹青翠。阁中藏有明人手抄《册府元龟》一部和明版经典142册，共1 000卷，清顺治年间刻本《大藏经》一部，均属于国家级保护文物。第三进为正殿，第四进为后殿，即大悲殿。

华严寺极盛时共有殿宇僧寮130余间，僧侣80余人。其寺庙布局严谨，结构精巧，殿宇恢弘，双层歇山，四角飞檐，古朴清雅。华严寺前路西设有塔院一座，乃寺中历代主持藏骨之处。院中的一座七级砖塔埋葬着第一代住持慈沾大师，有两珠苍松紧绕塔身，虬曲多姿，名"松抱塔"，20世纪60年代松树枯死。与砖塔相对的石塔，是第二代住持善和的藏骨处。相传农民起义领袖于七兵败出家，法名善和，圆寂后藏此墓中。寺前涧底西侧有一巨石，石上有一圆洞，深不可测，用手拍之如鱼鼓之声，故名"鱼鼓石"，旁有清人所镌"云穴"两个篆字。寺后半坡"寂光洞"，洞大如屋。山顶一平石，名"望海

楼"，立于石上，东望大海，高旷无阻。由大殿侧门再拾级而上，有一院落，
即后殿，内尊观音；侧为祖堂，供本寺第一代住持慈沾大师；东北角有西式小
楼五间，小院内植桂花、牡丹，十分幽雅。

华严寺门前有一条直通海滨的公路，名"华严路"，是1930年寺僧用石条筑
成。沿路苍松夹道，翠竹成林；有时，烟霭横空，白云袅袅，如九天幻境。路旁
有石刻"无风海涛""东瀛晓色""莲池会海""烟岚高旷"等。

华严寺

塔院

门票： 6元。

开放时间： 全天。

交通导航： 乘坐106路、618路公共汽车即可到达。

观音像

海云庵——清幽雅致

位于青岛市四方区海云街的海云庵又名大士庵，为青岛著名的明代建筑，占地800平方米。

　　走进海云庵院落，可以看到它的外面以灰垣相围，内有大殿、东西配殿、东西厢房和钟楼、鼓楼。庵内一株高大的古银杏树，枝繁叶茂，环境雅致清静。进入屋内，大殿供奉着观音菩萨，左右配殿分别供奉关公、比干、龙王、老君、鲁班等。

　　海云庵始建于明朝，迄今已有500多年的历史。清同治《即墨县志》记载："海云庵在县西南九十里。"海云庵是崂山神清宫的下院，属地方性会首庙宇。兴建海云庵，与当时青岛渔航业的发展息息相关。那时这一带只有湖岛村、东四方村、西四方村和小村庄，人们以下海捕鱼和耕种农田为生，建庙是为祈求神灵保佑平安与丰收。初建时北庙屋3间为正殿，称"大士庵"，供奉慈航真人铜像（当地民众称"老姆"）；南庙屋2间，称"关帝庙"，供奉关羽、周仓、关平神像。自此，海雾像云一样经常飘落在庙屋上空和附近。人们根据"海为鱼天地，云是鹤故乡"的诗句，给这座庙起名为"海云庵"。

庵堂

海云庵

　　海云庵建成后，香火兴旺，有众多的善男信女进庙祈福。庙外海云街上，买卖逐渐兴隆，其盛况一直延续了数百年。分别于1924年和1926年，海云庵经历过两次大修。在翻修过程中还将先后两次化缘中金额在1块银元以上者的姓名分别刻在两块石碑上，对立于正殿平台的两侧。一块石碑正面刻"缘福善庆"，背面刻"百世流芳"；另一块石碑正面刻"万善同归"，背面刻"永垂不朽"。石碑的正反两面共刻有722个民众姓名和7个单位名称，化缘捐款共计1 002块银元。大修时增建钟楼、鼓楼各一座，近年又在庵前辟建广场。海云庵是青岛市区唯一一座开展道教活动的场所。

　　海云庵自建成以来，每年正月十六庙会期间，四乡八邻人都赶庙进香，热闹非常。庙会上尤以乡亲们用山楂、红枣、山药、橘子制作的各式糖球为最多，遂逐渐形成了以糖球为特色的传统庙会，人称"海云庵糖球会"。

海云庵一角

门票： 2元。

开放时间： 8：00—19：00。

交通导航： 乘坐5路、7路、21路、24路、206路、305路、322路、325路、371路、373路、609路公共汽车到四方小学下车。乘坐15路、32路、210路、227路、319路、378路、602路、765路、609路公共汽车到四方站下车可到。

蔚竹庵——"丝竹"环抱，曲径通幽

位于青岛崂山北麓的凤崮之下的蔚竹庵是一个道教庵堂，因建庵时，从远方移竹环栽而取名"蔚竹庵"。

蔚竹庵占地1 733平方米，建筑面积达150多平方米，共计房舍20余间，是一处精巧玲珑的小院落。据称在蔚竹庵建庵之前，管山人曾在此搭窝铺居住。明代万历十七年宋冲儒真人云游崂山时，见这里山峦叠翠，水涧琴鸣，实乃世外仙境，遂不畏艰辛，建设道观，并移竹环栽，取名蔚竹庵。庵有正殿三间，原祀檀木精雕真武和铜铸三官神像，均属珍贵文物，可惜在十年浩劫中被毁。殿后峭壁料岩，苍松吐翠；门前溪涧流水，叮咚悦耳；周围蔚竹环抱，曲径通幽。

蔚竹庵现保存碑记三通：《蔚竹庵碑记》，在正殿东壁，碑身50厘米见方，记载该庵占地2 667平方米，系明万历二十一年三月立；清嘉庆二十一年刻石，在正殿墙外基石上，记载蔚竹庵始建年代；《重修蔚竹庵庙记》，系道光十九年四月立，在正殿西壁，碑身1米见方，记载重修蔚竹庵经过。崂山庙宇众多，碑记百余通，"文革"期间，破坏殆尽，但蔚竹庵三碑得以保存下来，为崂山庙宇所罕见。蔚竹庵外有一座五级石塔，系1930年为纪念于西淑真人而建。

此庵建立后，一度曾为道姑庵院，至清咸丰年间改道士住持庙务。蔚竹庵上，山比庵高数倍，大石岌岌欲坠，老松蟠绕其间，婆娑飞舞，由院庭中仰望，不敢升堂入室，前临弩涧，涧溪流水、鸣笛如曲，流入内九水，被人们誉为崂山十二景的"蔚竹鸣泉"。

1934年8月1日，现代著名作家郁达夫先生，在亲友们的陪同下，携带小女儿来蔚竹庵游览。那一天他们从青岛市区出发，经李村、九水等，11点多吃午饭，饭后稍加休息就往柳树台、石屋和蔚竹庵一带去了。当时的蔚竹庵只有一名道徒，而且年纪已大，名叫李祥资，山东高密人，在此已30多年，周围的一些小路都是由他一人开凿的。郁达夫一行来到蔚竹庵，见到地处深山里的这座小庙，在四周自然环境的包围中如此清幽，和那位老道交谈后，更觉得此处不一般，于是文思涌心头，随即吟出七言绝句《咏蔚竹庵》，道出了蔚竹庵的秀美特色。1981年夏天，著名书画家黄苗子、郁风夫妇来到青岛，游览了崂山，并书写了郁达夫1934年咏蔚竹庵的诗："柳台石屋接澄潭，云雾深藏蔚竹庵。十里清溪千尺瀑，果然风景似江南。"这首脍炙人口的诗篇被雕刻在内九水的二水路边双石屋村中的巨石上。柳台，即庵西南3千米的居民点柳树台。石屋，即双石屋，是由两块花岗岩巨石相叠而成的洞，过去曾有人居住，为九水一景。千尺瀑和澄潭指庵东南0.5千米处三跌落下的潮音瀑和深达5米左右的靛缸湾。蔚竹庵就建在这奇石、溪、瀑、潭和云雾之中，其景犹似江南山水。

蔚竹庵

门票: 2元。

开放时间: 全天。

交通导航: 从轮渡、火车站（栈桥）乘304路，或从李村乘106路到垭口下车即到。

太平宫——"海上宫殿"

太平宫奉道教全真华山派，初名太平兴国院，又称上苑。建于崂山东部上苑山北麓、仰口湾畔，宫苑建筑面积500余平方米，占地面积约2 500平方米。

在崂山现存的寺观中，太平宫是有史料可考的最古的道观。据明朝嘉靖四十五年和清朝顺治十年重修太平宫的碑文记载，太平宫是宋太祖赵匡胤为华盖真人刘若拙建立的道场。刘若拙生于五代后唐同光二年(924年)，他自四川来崂山建一茅庵，名驱虎庵，潜心修行。赵匡胤"陈桥兵变"称帝后，即召见了他，封为华盖真人。他是崂山著名道士之一。宋淳化二年(992年)，刘若拙逝于即墨，葬在城郊玄真宫，其墓至今犹存。

有传说距盐池河镇8.5千米的太平宫本坐落于一个深山峡谷之中，四周重峦叠嶂，一条羊肠小道蜿蜒而至太平宫门口。离宫口1千米路即能听到哗哗的流水声。水声在山间回响，浩浩荡荡。走进宫口，听着水声，只见白雾缭绕中若隐若现的奇石林立。拨开白纱般的水雾，有一个方圆百余平方米、深不见底的水潭。水潭正中央耸立着一根十余米高的圆形石柱，石柱周围依偎着三个像蛤蟆一样的怪石。据说这三块怪石原是一块巨石，曾被一个螃蟹精占据。这个螃蟹精每天早晨都会变成一个妖娆多姿的美女伏在巨石上哭泣。当有人循着这凄切的哭声找到她时，她便原形毕露，吃掉来人。久而久之，附近的村民人心惶惶，再也不敢到山里来了。后来玉皇大帝派雷神降服妖魔，一声巨雷，妖魔化为灰烬，巨石也被分裂成三块蛤蟆般的石头。妖魔被除，这里从此也就太平无事了，因而人们管这里叫作"太平宫"。再看潭水，原来是从数十米高的绝壁上倾泻下来的，像钉大桩子一样，声势如雷，在潭上溅起两米多高水柱，千万朵浪花溅起的水珠如天女散花般落在人的身上。

该宫虽经历多次重修，但仍保持宋代的建筑风格，宫周围多奇峰怪岩和古木幽洞，摩崖刻石较多，自然景观和人文景观都很丰富。宫为"品"字形的

蛤蟆巨石

太平宫

二进院落，院门的照壁上单线钩刻"海上宫殿"四个大字。字结构严谨，端正饱满，传为建宫时所镌。正殿旧祀三清和玉皇，配殿东祀三官，西奉真武。近年修整时，又重塑了一些神像。宫西绝壁矗立，下有天然石洞，名犹龙洞。洞内纵横各数丈，高敞如厦；洞顶镌刻"混元石"三字及星斗图案；洞旁眠龙石上，镌"犹龙洞"三字。宫北山坡下有涧水喷涌，相传曾有农人见白龙游泳其中，故名白龙涧。涧底巨石累累，横跨两岸，水从石隙下泻，称仙人桥。过桥山坡有巨石，上刻邱处机咏崂山七绝20首及序。宫东北奇峰突起，形同巨狮，张嘴做怒吼状，名狮子峰。峰巅岗峦平敞，云气弥漫，有"狮岭横云"胜景。人们置身其中，好似进入了人间仙境，流连忘返。

门票： 4元。

开放时间： 5：10—18：00。

交通导航： 从轮渡、火车站乘312路公交车，或从李村乘123路公交车到仰口下车即可。

玄阳观——铃铛石屋

位于李沧区戴家村北山的玄阳观又名竹子庵，是崂山道教文化的重要场所之一。因其初建之时，就地采石垒砌而成，建筑形状如古时铃铛，故民间又称其为"铃铛石屋"。

在戴家村北山，有一座仿古清式建筑风格的建筑，名为玄阳观，是崂山"九宫八观七十二庵"之一。如今观内建筑设计有正殿、西殿、配房和石塔等，总建筑面积达277.6平方米。

相传玄阳观始建于东晋咸康三年，于清乾隆年间重修，有着深厚的宗教和民俗文化内涵。玄阳观所在的位置正好有一块大平地，四周山清水秀，风光旖旎。走进道观，首先看到的是古色古香的大门，门朝东开，寓意道家"紫气东来"之意；推开大门，映入眼帘的是一株高大的银杏树。银杏树原有两棵，一雌一雄，雄树不知道哪年死去，雌树却每年结果，近年每遇丰产，依旧可产银杏500千克，至于从何处传来的花粉，是一大怪。树木枝杆扶疏，绿荫如盖，据说有1 600岁，是国家一级保护古木，也是目前青岛市最高的银杏树。每年正月十六是玄阳观庙会，周边的村民都来赶庙会，红绸布条一条一条拴在雌性大银杏树上，煞是好看。

观内设施

玄阳观

　　银杏树后是正殿，正殿供奉王母娘娘、天山老母、送子娘娘；东西殿分别供奉着文昌帝君、关公大帝。王母娘娘放在正殿，一是为了突出女性地位，二则也有纪念全真教祖师王重阳之女弟子孙不二的意思，因为玄阳观曾经做过孙不二所创全真"清净派"道庵。正殿是个四合院，院南是深涧，苍松翠竹形成绿色的海洋，被层层郁郁葱葱的绿树包围。山下是星星点点的村庄，东面的是毕家上流，闻名世界的睡莲世界就在一山之隔的不远处，紧挨的是王村，偏正南位置是东庵子，是上玄阳观的主要通道，周围被果树包围。朝西是戴家村、藏家、炉房、佛耳崖。院西有偏门，拾级而上是西殿，这里是观音殿，西殿西侧原有三座六角形墓塔，每座墓塔塔身皆为五层。现还有一墓塔遗迹，状如弃井，周围用1米长、0.2米高、0.3米宽的弧形石条累起，应该是原来的墓塔地基。

　　玄阳观遗存多处摩崖石刻和碑刻，主要有"金丹早成""道义千古""紫竹埝林""重师玄风""灵隐玄阳"等。农业学大寨时炸山造田，多有破坏。"金丹早成"石刻，字迹浑厚，每字约1平方米大，在山下老远就能看到，题字之人众说纷纭。"紫竹埝林"保护完好，上有"东坡、岁次乙丑"等字样，相传为苏东坡所题。

门票：免费。

开放时间：全天。

交通导航：从李村乘坐130路公交车到终点站下车，从戴家村东的东家庵子上山。

法海寺——传戒丛林寺

推荐星级：★★★

位于青岛市城阳区夏庄街道源头的法海寺是青岛地区乃至山东半岛最古老的佛教寺院之一，占地21.333平方千米，共前后两院，前院为大雄宝殿，后院为三圣殿。

法海寺为佛教临济派，因纪念创建该寺的第一代方丈法海大师而得名。 寺庙挂单、坐禅、收徒，是崂山境内唯一传戒的丛林寺。寺僧早晚诵经，有碰钟、吊钟、木鱼、磬、小钹伴诵。乡民办丧事，只要送香火钱，寺僧便在庙内诵经祈祷。

关于法海寺的修建日期有两种说法，一说创建于北魏太武帝年间（424—452年），一说是东汉桓帝年间（155—270年）。据法海寺元泰定三年所立《重修法海寺碑》记载，法海寺始建于北魏，宋元清时均重修过。元仁宗延佑二年重修碑载："本寺住持信公、玉公至此，请准涉寺寿公主持法海寺，于是重修。师本县人也，出家准涉寺，训名宝寿……至大三年赐佛日圆通之号。"

寺内景观

法海寺

现在的法海寺是1934年重修的，整个寺院围墙周长293米，全寺占地面积6 000余平方米，建筑面积500多平方米。寺分为前后两院，前院建大雄宝殿，殿前两侧各有高大银杏一株，有碑亭两座，东西方分别立着元泰定三年的重修碑和清康熙五十二年的重修碑。大雄宝殿建在夯土台上，高约7米，有朱漆4柱（花岗岩柱座），重梁起架，雀替撑顶，鼓形，黄绿色琉璃砖雕甍，两端饰"螭吻"，镂空云龙，前出檐，檐角装饰"嘲风"，顶披黄绿色琉璃瓦，砖木结构，为单檐无斗拱歇山式建筑。内供阿弥陀佛、药师佛和释迦牟尼。后殿是单檐硬山式建筑，供奉观音菩萨、地藏王菩萨、释迦牟尼，墙上绘有佛教壁画，殿堂外檐下，有"清""规"二字的大石碑并列左右，殿门东墙上镶有一块汉白玉的庙规碑。还有僧寮住处。山门外南院墙的东端建有殿堂，内祀龙王，西面殿堂内祀关帝，这两处殿堂属地方庙。在法海寺西侧，还有三座墓塔鼎立：元代泰定年间的圆通和尚寿塔、明代永乐年间的广进和尚寿塔、玉柱和尚寿塔。此外，还有明代永乐六年的广进和尚塔铭，时至今日已不知所终。

门票： 免费。

开放时间： 全天。

交通导航： 乘坐106路、109路、111路、单向行驶131路、单向行驶312路、372路到源头站下车步行129米。

太清宫——北国小江南

推荐星级：★★★★

太清宫亦称"下清宫"，或称"下宫"，位于崂山南麓老君峰下，宫中奇花异卉，四时不绝，素有"北国小江南"之称。

太清宫是崂山最古老、规模最大的一处道观。观内竹林榆柏滴翠，殿宇肃清，且面对黄海一碧万顷，背靠七峰，层峦迭起、地势高拔，夏有清风，冬挡寒气，景致优雅、别致。

这座道教庙宇始建于北宋初年。由三官殿、三清殿、三皇殿三个院落组成。"三官"是天官、地官、水官。他们的职责是：天官赐福；地官赦罪；水官解厄。殿前有两株百年树龄的山茶花，殿西有龙头榆，植于唐代，是全国最老的一株榆树。三清殿供奉着"三清"，即太清太上老君、上清灵宝道君及玉清元始天尊。成吉思汗圣旨碑嵌在太清宫墙上。这是1223年成吉思汗给著名的道士邱处机的两道圣旨，这两道圣旨石刻，是研究成吉思汗由偏重武力征讨向兼重"文治"转化过程中，重视汉族儒、道人才的珍贵资料。殿前台阶下有最

太清宫

令人神往的圣水泉，是崂山名泉，常有游人在此观泉品茶和在夜晚登山望海赏月。三皇殿，一说是天皇、地皇、人皇；一说是伏羲氏、神农氏、轩辕氏。偏殿为"耿祖祠"。由于道士耿义兰与憨山老僧打官司获胜，重建了太清宫，后世的道众专门为他建了这座祠。院中有一株汉柏，旁有一株凌霄，盘绕柏树梢顶，名"汉柏盘龙"。在太清宫的一座偏殿的庭院里，立着一块刻有"香玉"两字的石刻。这就是当年蒲松龄写书的地方。还曾以太清宫内的耐冬"绛雪"与牡丹为题材，写下《聊斋志异·香玉》篇，脍炙人口，像诗句"雪里开花到春晓，世间耐久孰如君"，便是此花的真实写照。

太清宫的宫后还有康有为题刻。宫东道旁有一巨石，高达丈余，上刻"波海参天"四大字，下有"始皇帝二十八年游于此山"小字一行。每当夜晚，清风明月，空明一片，崂山胜景"太清水月"即指此。

太清宫大门

门票：20元。太清索道全程50元，单程30元。

开放时间：8：00—18：00。

交通导航：从轮渡、火车站（栈桥）乘304路，或从李村乘106路到垭口站下车即到。

华楼宫——道教宫观

华楼宫位于青岛市崂山区北宅镇毕家村西，为崂山道教宫观之一。建筑面积278余平方米，占地面积2 000余平方米，景物荟萃，自成体系。

华楼宫是道教宫观，原称"灵峰道院"，因建在华楼山上，宫东边有叠石似楼，所以通常都称为"华楼宫"。

华楼宫是华楼山的主要建筑物，保存完好。始建于元朝泰定二年，创始人是崂山道士刘志坚，明代、清代、民国间均有重修。刘志坚，山东聊城人，曾在永昌府当差，为英王掌管鹰坊，兼办外务，后来看破红尘，来到华楼山当了道士。传说有一次他在山崖边背对夕阳涧打坐，不慎跌下涧底，却毫发未伤，于是一传十、十传百，越传越奇。广大善男信女，便纷纷捐款，建起了这座华楼宫，作为刘志坚修道的场所。

华楼宫殿宇座北朝南。因为道教是我国土生土长的宗教，它必然与我们的民族传统、道德风尚有一定的联系，崇尚"忠义"是情理之中的事；关公作为"忠义"的化身，自然受到道家的尊崇。中间大殿里供奉的是太上老君，即老子，是道教的始祖。自东向西依山而列的分别为：道房、关公殿、老君殿、玉皇殿，均系砖木结构。院内置元代大学士赵世延撰文石碑1座，宫外有"海上名山第一碑"，周围的风光秀丽，元代尚书王思诚曾品评为华楼十二景。对面是夕阳涧，背依碧落岩，环境肃穆幽静。宫外有碧落岩、金液泉、翠屏岩、岩子洞、玉女盆、南天门、凌烟崮、聚仙台等名胜古迹。老君殿背靠的"碧落岩"下就是"金液泉"，附近有"金液泉"等明代刻石。碧落岩向西为翠屏岩，石头色显苍翠，立于此处如一锦绣屏，煞为好看。宫前为南天门，突岩兀立，东西南三面皆深壑，四面环山，俨然耸立，极为壮观。

门票：20元。太清索道全程50元，单程30元。

开放时间：8：00—18：00。

交通导航：从轮渡、火车站（栈桥）乘304路，或从李村乘106路到垭口下车即到。

基督教堂——德式建筑城堡

青岛基督教堂又称"德国礼拜堂"，是一个典型的德国古堡式建筑，占地1 000平方米，由钟楼和礼堂两部分组成。

　　基督教堂是青岛著名的宗教建筑，位于青岛市市南区江苏路的小山丘上，东邻美丽的信号山公园。教堂由德国胶澳总督府出资，于1908年4月19日奠基，至1910年10月23日历时近两年半完成。

　　基督教新教，于16世纪从罗马公教分裂出来后，仍与天主教保持共同的信仰，并开始在世界各地广为传播。1897年，德国强占胶澳地区后，德国基督教信义会（又称"路德会"）的柏林教会派传教士昆柞来青岛传教。昆柞在青岛身兼牧师和胶澳总督顾问两职，因此在"总督府"与"总督楼"之间选址营造基督教堂。此教堂专供德国信徒聚会礼拜，故有"德国礼拜堂"之称。据传按此图纸修建的教堂在德国还有一处。1925年其全部教产转让给美国基督教信义会协会，于是基督教堂遂成为众多外国人进行宗教活动的场所，故后来又称为

青岛基督教堂

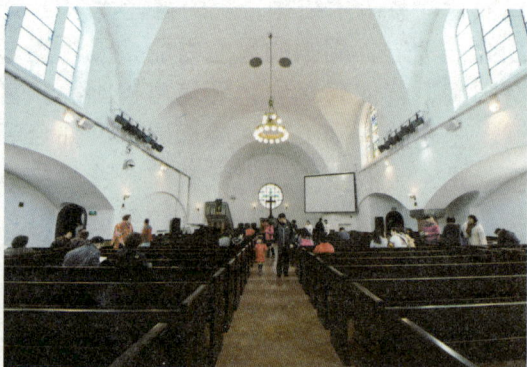

教堂内部

"国际礼拜堂"。青岛解放以后，青岛市基督教三自爱国运动委员会办公室和基督教协会设于此处，从而，此处又成为中国基督教徒的主要活动场所。

《基督时报》2013年7月9日曾刊文（作者：文佳音）如此描述基督教堂："青岛基督教堂又因建筑顶部有报时钟楼，被称为"钟表楼"。钟楼高39.10米，登楼可观赏岛城的海天秀色。钟楼上的巨型钟表，给原本肃穆的教堂又增添了几分神秘和庄重。礼堂宽敞明亮，可容千人之众。18米高的大厅两侧分为楼上楼下两层，装饰十分精美典雅，置身其中给人以神圣之感，不愧是完美的基督教建筑艺术的佳作。在堂区院内建有二层楼房两幢。一幢是该堂的附堂，一幢是传教士的住宅。教堂前的广场平坦宽阔，四周绿树成荫，周围错落有致地分布着各种西式建筑，更加衬托出教堂建筑的宏伟。每当晨曦渐扩，熹抹东天之时，远山近树、绿顶黄墙在晓雾中时隐时现，此情此景，不由令人疑为身处异域。沿着岩丘的窄阶拾级而上，教堂坚固厚重的墙壁、半圆拱形花岗岩窗框、陡斜的红色屋顶以及绿色尖顶的钟楼便清晰地展现在眼前。用厚重的花岗岩垒砌的墙基凝重粗犷，使整个教堂的轮廓显得清晰简洁，给人一种宗教建筑特有的美感。"

基督教堂的宗教活动非常活跃，每逢星期日，虔诚的基督教徒们纷纷来教堂聚会，伴着悠扬的钟声和优雅的赞美诗，默默祈祷，聆听牧师宣讲福音。圣诞节作为基督教最盛大节日，这里更是人潮如流，热闹非凡。

门票： 5元，周日免费。

开放时间： 8：00—16：30。

交通导航： 乘坐1路、214路、217路、220路、221路、225路、228路、231路、367路、隧道1路、隧道5路在青医附院站下。

青岛天主教堂——艺术的杰作

青岛天主教堂本名圣弥厄尔教堂，依据哥特式和罗马式建筑风格而设计，占地面积11 480平方米，其中建筑面积6 301.54平方米。

　　位于青岛市市南区浙江路15号的天主教堂，始建于1932年，于1934年竣工，由德国设计师毕娄哈依据哥德式和罗马式建筑风格而设计。

　　当时天主教堂拟建高百米，但因希特勒严禁德国本土资金外流，故该教堂不得不修改图纸，即建成现在的规模。教堂结构以钢筋混凝土与花岗石结合而成。屋顶覆盖舌头红瓦，气势庞大，且古朴典雅。整体建筑平面呈拉丁"十"字形，在正面高30米处的地方设有平台，两侧放置两座对称而又高耸的钟塔，高度均为60米，塔内上部悬有4个巨大铜钟，钟声悠扬而深远。大门上方有一巨大的圆形窗，两侧各耸立起一高4.5米的十字架。教堂装饰系采用意大利文艺复兴时期的形式。堂内大厅高18米，宽敞明亮，顶棚悬有7个大吊灯，配之穹顶的圣像壁画，后方还设有祭台，既庄严又美观。教堂可容纳教徒上千人，是青岛地区最大的哥特式建筑，也是中国唯一的祝圣教堂。"文革"时，教堂受到严重破坏，1981年4月恢复使用。

　　如今，整修一新的天主教堂不仅恢复了宗教活动，而且作为优秀的建筑文物对外开放。（教堂平时不开放，周末才开放，免费参观。）

天主教堂外观

天主教堂内部

门票：免费。

开放时间：8：00—17：00。

交通导航：乘1路、2路、14路、225路车在青医附院站下车，乘1路、367路车在湖北路总站下车。

天后宫——青岛的初始地

天后宫是一处集天后文化、海洋文化和民俗文化于一体的著名人文景观，也是青岛前海风景线上一处极具民族风格的古建筑群。

"先有天后宫，后有青岛市"，青岛开埠于19世纪末，而天后宫距今已有500多年的历史。这座位于青岛市太平路19号的建筑群体，最初是为纪念一位历史上真实存在的人物而建的。

天后即妈祖，妈祖神就是根据宋太祖时期福建莆田县湄洲屿红螺乡"林善人"林愿的女儿林默娘而塑造出来的。林默娘生于公元960年，因从她出生到满月从未哭过，故取名默娘。默娘从小长在海边，很快学会了游泳。十几岁就时常跟父亲和哥哥出海。有一次在海上遇到了大台风，船翻了，默娘奋不顾身救起了父亲，找回了哥哥的尸体。此事发生在一个弱女子身上自然引起了大家的关注。后来，默娘经常在海上帮助那些遇难的渔民，尤其在夹门乡为渔民们办了很多好事。可是林默娘28岁的时候，竟身染重病去世了。人们为了纪念这位好心的姑娘，特地在湄洲屿建了祀庙，称"通贤灵女庙"，以后受封为顺济神。随着沿海人民对澎湖的开发，渔民们也在澎湖为林默娘立像建庙恭祀，称她为"天妃"或"圣妃"，也称"妈祖"。妈祖仅活了二十八年，代表着二十八星宿。

1898年德占胶澳后，德国对青岛城市进行统一规划，沿海一带被划定为欧人居住区。而具有中国建筑风格的天后宫成为德人的障碍，急欲拆除，移往他们划定的中国人居住区另建。德国人要拆除天后宫的消息传出后，当地商人胡存约与傅炳昭等联络众人奋力抗争，迫使德人放弃了强拆，保留下这处具有宝贵价值的中国传统建筑。《胶澳志·人物志·乡贤》中记载："胡存约……先世经营商业，事母至孝。青岛开埠之始，市政权操诸外人，华商稍能自振代表同业以参予市政者，仅傅炳昭、丁敬臣、包幼卿、周宝山、成兰圃与存约数人而已。德人议移天后宫，存约与傅炳昭等力争之乃止。以此为众所倚重，有事悉就商焉。"

天后宫内部

　　天后宫历经500余年风雨淘洗幸存至今，弥足珍贵。初建成时，天后宫由三间圣母殿和龙王财神两配殿构成。500多年里，天后宫前后历经明、清、民国等七次维修扩建，成为具有较大规模的建筑群。现存的天后宫占地面积近4 000平方米，建筑面积1 500平方米，为二进庭院。其有正殿、配殿、前后两厢、戏楼、钟鼓楼及附属建筑共计殿宇16栋80余间。与山门对应的是青岛天后宫正殿，正殿内供奉天后——妈祖。这尊妈祖像是由整条樟木雕刻而成的，并且在妈祖故里莆田开光分灵，是世界上最大的木雕神像之一。两边还雕塑有妈祖的护将"千里眼"和"顺风耳"。整个正殿内显得庄严肃穆。正殿两边分别为财神殿和龙王殿，庑房为民俗博物馆，展出民俗文物百余件，集民间工艺大全，既是中国民间文化的缩影，也是中国民俗艺术的写照。

　　宫内，古木成荫，绿草茂盛，是典型庙宇与园林风格的有机结合。戏楼两侧是钟楼和鼓楼，前院有四株冬青树，其中靠墙的两株为法国冬青，花坛两边的两株为本地冬青。前院东西厢门前是两株桂花树，每年农历八月十五前后，满树的桂花会使整个院落清香飘溢。

门票： 旺季8元，淡季5元；老人、学生、军人优惠，票价2元。

开放时间： 8：30—17：00。

交通导航： 乘6路、25路、26路、304路、311路、312路、316路公交车可达。

圣保罗教堂——青岛五大钟楼之一

青岛圣保罗教堂是由美国信义会在原德国俱乐部旧址上建造的基督教堂。

1897年德国占领青岛后，德国基督教路德会派传教士昆祚来青岛布道，并任德国胶澳总督的顾问。第一次世界大战德国战败，经济衰退，无力支付其远在青岛教会的资金投入。美国信义会在1925年收购了德国信义会在青岛的教会资产。1938年于青岛观象山路购地兴建一座新的教堂，命名为圣保罗教堂。

1958年，中国内地基督教实行教堂合并，联合礼拜，青岛市区近50处教堂合并为7个聚会点，继续聚会，直到1966年"文革"爆发时关闭。1990年代，圣保罗教堂又恢复聚会。

由俄国建筑师尤力甫设计的这座教堂，清水红砖外墙，建筑面积1 482平方米，内部可容纳300余人做礼拜，拥有方形钟楼，沿内部60级台阶可达钟楼。此钟楼是青岛五大钟楼之一。建筑式样为罗马式，敦厚、雄壮。钟楼高24米，成为附近多条道路的对景。

门票：免费。

开放时间：无。

交通导航：乘坐205路、212路、218路、301路、366路到市立医院下车。

圣保罗教堂

第 5 章

走进青岛，了解青岛

青岛市博物馆——青岛历史文明之光

青岛市博物馆是国家一级博物馆和全国古籍重点保护单位，馆藏文物5万件，一级藏品150件，元、明、清以来著名的书画传世品4 000多件。

位于崂山区梅岭东路51号的青岛市博物馆，是一座集人文、历史、艺术为一体的多功能、综合性、现代化博物馆。博物馆的前身是1959年4月13日建造的"青岛市地志博物馆"，于1959年10月8日更名为"青岛市博物馆"，1965年正式成立，这之前称为"青岛市博物馆筹备处"。

这座博物馆原是"青岛红十字会"所在地。其场馆建筑融合了不同风格的建筑，从而形成独特的综合性建筑群。在黄瓦红墙之间有三进院落：第一进院落为罗马式建筑。塔楼造型典雅、回廊精巧，半圆形穹顶、圆形廊柱、小天使雕塑，营造出特有的庄严神圣。第二进院落为民族建筑形式。前有山门，内有大殿。山门三门并立，中门宏大。门上有"沟通五教共驾慈航，渡化君伦同登道岸"楹联。山门殿现已辟为书画陈列室。庭院内露天陈列许多珍贵文物，其中两座石碑分列两侧。一座为长方形半圆首"龙泉寺记"石碑，因日久年深，碑文字迹已无法辨认。另一为半圆形螭纹造像碑首，顶部雕有4条矫健的蟠螭，

博物馆建筑

青岛市博物馆

造型极为生动。山门后为坐落在台基上的九楹大殿。殿宇重檐斗拱，顶覆黄色琉璃瓦，高大宏伟，是青岛仿曲阜孔庙大成殿规模最大的钢筋混凝土建筑。两侧配殿红墙绿瓦，与大殿一起辟为展厅。庭院内松柏苍翠，中心建有八角牡丹亭。亭内安放中国人民解放军赴南极考察全体官兵赠送青岛人民的南极石。此石于1985年2月20日取自南极纳尔逊岛，刻于太平洋赤道。第三进院落建筑，那高耸的塔楼带有明显的阿拉伯式建筑风格。新中国成立后，该建筑群被辟为青岛市博物馆。

全馆占地面积7万余平方米，馆藏文物包括陶瓷器、铜器、玉器、书法、绘画、甲骨、钱币、竹木牙角器、玺印等30多个门类数十万件，其中陶瓷器、玉器、书法、钱币为馆藏特色。馆内还收藏有4万余件青岛历史发展各阶段留下来的文物资料，反映了青岛建城以来的发展状况。这里是全面了解青岛历史的重要场所。

青岛市博物馆是中国文化的瑰宝，是青岛市城市记忆的一个重要载体，其丰富的馆藏、精彩的展览，点点滴滴无不彰显着文明之曙光，为弘扬先进文化、培固城市文明而不断释放并聚合着能量。这里是中华民族数千年文化记忆的一部分，是一座等待开启的文明殿堂。

门票：免费（每天限定参观人数3 000人）。

开放时间：5月至10月：9：00—17：00（16：00停止入场）；11月至次年4月：9：00—16：30（15：30停止入场）；每周一闭馆（法定节假日除外）。

交通导航：乘坐104路、301路、304路、313路、362路至松岭路站下，或乘230路、321路车至博物馆站下，或乘110路、311路、375路、380路、382路、606路车至会展中心站下。

青岛啤酒博物馆——百年的文化沉淀

青岛啤酒博物馆，集青啤的历史发展历程、深厚的文化底蕴、先进的工艺流程、品酒娱乐、购物为一体，体现了世界视野、民族特色、穿透历史、融汇生活的文化理念。该馆为国内首家啤酒博物馆。其展出面积达6 000余平方米。

在青岛市登州路56号，建于1903年的青岛啤酒厂里，有一座由国内外著名设计师设计的世界上先进、国内一流的啤酒博物馆。

青岛被德国占领后，英德商人为适应占领军和侨民的需要，就在这个地方开办了啤酒厂，起名为"日耳曼啤酒公司青岛股份公司"，当时的年产量为200万千克。1914年第一次世界大战爆发，日本人占领青岛后，将德国人的啤酒厂购买下来，更名为"大日本麦酒珠式会社青岛工场"，并进行了较大规模的改造和扩建，当时产品曾出口到越南和新加坡。1945年抗日战争胜利后，国民党接管了啤酒厂，并更名为"青岛啤酒公司"。1949年6月2日青岛解放，青岛啤酒公司终于回到人民手中。然而，在当时的计划经济体制下，造成了资源稀缺和产品垄断，青岛啤酒又成为一种对内的"贵族产品"和对外的换汇产品。青岛啤酒属于特供产品，产量比较小，只有通过批条子才能买到。在这种状况下，一方面大众依然无法消费到青岛啤酒；另一方面，企业也难以快速成长。在社会主义市场经济逐步确立后，青岛啤酒开始真正地面向大众，通过市场机制配置资源，扩大规模，逐步恢复了生机。1993年，青岛啤酒股份有限公司成立并进入国际资本市场，公司股票分别在香港和上海上市，成为国内首家在两地同时上市的股份有限公司，募集的雄厚资金为今后的飞速发展奠定了坚实的基础。1996年以后，青岛啤酒股份有限公司开始在全国各地大规模并购啤酒企业，取得了长足进步。日益完善的市场环境和经济制度，使青岛啤酒股份有限公司如鱼得水。2003年对该公司来说，是一个非常重要的年份，因为这一年是它的百年庆典。作为"国际知名"品牌的青岛啤酒，已在构筑着自己的下一个百年。

青岛啤酒博物馆

啤酒博物馆

青岛啤酒的百年历程，实际上就是一部制度变迁的历史。博物馆的建成，更为国内外游客走近青岛啤酒、了解青岛啤酒，提供了一个独具魅力的平台。这里共分为百年历史和文化、生产工艺、多功能区三个参观游览区域。

最具价值的核心区域应该属第一区域——百年历史和文化。在这里，顺着时空的脉络，游客可以通过详尽的图文资料，了解啤酒的神秘起源、青岛啤酒的悠久历史和数不胜数的荣誉，以及了解青岛国际啤酒节、国内外重要人物来酒厂参观访问的情况。（尤其值得一提的是，这里展现在您面前的是许多从欧洲和全国收集的文物、图片、资料以及青岛啤酒各个阶段的实物。一些祖辈曾在酒厂工作过的德国、日本友人专门捐献的文物史料，使得这·展区更加引人入胜。）

在第二区域——生产工艺流程区域，参观者将看到老建筑物、老设备及车间环境与生产场景。在生产流程中每一个代表性部位放置的放像设备，可形象介绍青岛啤酒的生产流程及历史沿革。为重现历史原貌，博物馆在老糖化车间的老发酵池，设置了工人生产劳动的雕塑模型，同时复制老实验室场景和工人翻麦芽场景。

　　第三区域为多功能区域。一层是能容纳100多名游客的品酒区和购物中心，游客在此可以尽情地品尝多种不同品质的新鲜青岛啤酒，购买各种纪念品。二楼有综合娱乐设施，前卫的设计理念和高科技手段，使知识性和娱乐性有机结合，可让游客在娱乐中了解啤酒酿造的复杂过程。同时，全馆多处设置的触摸式自动电子显示屏，可以让游客随时查询自己感兴趣的文献资料。

博物馆展览区

门票： 淡季50元，旺季60元。儿童或持证军人、残障人士半价。

开放时间： 8：30—16：30。

交通导航： 乘坐1路、3路、4路、11路、15路、25路、36路、217路、225路、302路、306路、307路、367路等公交车在"台东"站下车，乘205路、217路、221路、604路公交车在"青岛啤酒博物馆"站下车。

海军博物馆——中国海军展示基地

海军博物馆由海军创建，是中国唯一的一座全面反映中国
海军发展的军事博物馆。

推荐星级：★★★

位于风景秀丽的青岛海滨莱阳路的海军博物馆，建于1988年11月，至1989年10月1日正式向社会开放，1993年3月正式列编，是中国第一座专业性海军博物馆。

海军博物馆的建馆理念是弘扬中华民族悠久的历史文化，展示我国海军的发展历程，宣传人民海军的战斗历程和建设成就，增强全民族的爱国意识和海洋国土观念。具体职能：收集、收藏海军各历史时期的重要文物史料和各类装备，研究、陈列海军文物，对部队和广大人民群众，特别是青少年进行爱国主义教育。

来到博物馆可以看到这座占地4万多平方米的军事展览基地，包括了室内展厅、武器装备展区、海上展舰区三大部分。首先看一下室内展厅，这里分中国人民海军服装展室、海军史展室、礼品展室，总面积1100余平方米。其中中国海军史展室展出了古代海军史、近代海军史和人民海军史。通过大量史料，详细地介绍了中国海军的起源、发展及其维护国家主权和领土完整的重要作用；海军服装展室，主要展出人民海军自1949年诞生以来各个时期装备的制式服装、军衔肩章、勤务符号、进行特种作业的装具等，从一个侧面反映了人民海军革命化、现代化、正规化建设的进程。在海军服装展室中，比较重要的展品有：海军首任司令员萧劲光大将生前穿过的海军大将礼服以及其他办公用品、生活用品等；曾任全国政协副主席、原海军副司令员邓兆祥将军捐赠的55式海军将官礼服及其他制式服装。礼品展室，展出了60多个国家的军队赠送给我人民海军的各种珍贵礼品300余件，其中比较重要的展品有：1957年11月苏联国防部副部长兼海军总司令戈尔什科夫海军大将赠送给前去访问的萧劲光大将的苏联海军军官佩剑；朝鲜人民军代表团赠送给我东海舰队的珍贵礼品———一段布满弹片的上甘岭枯树干。

潜艇

　　来到武器装备展区，可见到内有小型舰艇、飞机、导弹、火炮、水中兵器、观通设备、水中坦克等七个陈列群，陈列各种装备150余件。其中比较重要的有：1957年8月4日周恩来总理代表党中央、毛泽东主席检阅驻青岛海军舰艇部队时乘坐的木壳鱼雷快艇；1984年10月1日，中央军委主席邓小平在天安门广场建国35周年阅兵式上检阅过的"巨浪一号"潜地导弹；萧劲光大将乘坐过的伊尔—14飞机、"红旗"轿车；曾经击落美制U—2高空侦察机的红旗—2号地空导弹；1964年11月21日夜间海军航空兵在山东莱阳上空击落美制蒋空军P2V电子侦察机时，投放照明弹的轰侦—5型电子侦察机等。

　　既然为海军博物馆，舰艇当然是必备的。这里的海上展舰区，占水陆面积40 000余平方米，停泊着多艘退役的作战舰艇，其中有为保卫祖国海疆和人民海军建设做出重要贡献的我国第一艘驱逐舰"鞍山"号；在捍卫祖国海疆的战斗中荣立战功的火炮型护卫舰"南充"号、防空导弹护卫舰"鹰潭"号，以及

33型常规潜艇"长城"号、21型导弹快艇等。馆内还设立了富有科学性和趣味性的12.7毫米机枪、54式手枪光电射击靶场，可供实际操作的各种岸炮、舰炮、坦克等，还设有舰艇模型室、潜望镜室。

中国海军博物馆是增强全民海洋意识，进行爱国主义教育的好课堂。先后被青岛市、山东省定为爱国主义教育基地，并入选教育部和共青团中央在全国确定的100个爱国主义教育基地之一。通过参观，人们将会看到人民海军在中国共产党的领导下，在艰苦创业，在战斗中成长，在曲折中前进，不断发展壮大的光辉历程。

战舰

门票： 80元（含潜艇），60不含潜艇。潜艇：20元/人。优惠对象：凭学生证、老年证半价。

开放时间： 旺季 早8：00—晚18：00（4月1日至10月31日）；淡季 早8：30—晚17：00（1月1日至翌年3月31日）。

交通导航： 乘坐26路、202路、223路、304路、312路、316路、321路、501路、802路到鲁迅公园站即可。长途车站公交路线：可乘坐15路到中山公园或者206路到武盛关站换乘 26路、202路、223路、304路、312路、316路、321路、501路、802路到鲁迅公园站下即可。

海产博物馆——水中奇珍异宝

青岛海产博物馆是一座海洋水产专业博物馆，也是我国唯一一座以养殖、陈列海洋生物为主的博物馆，其中的水族馆是我国第一座水族馆。

青岛海产博物馆由青岛水族馆、山东产业馆合并而成，位于青岛市鲁迅公园东部莱阳路2号。

馆内标本共有1 950种、2万余件。其中无脊椎动物1 100余种、1.5万余件，脊椎动物700余种、3 000余件，海藻150余种、2 000余件。

博物馆分为陈列馆和水族馆两部分。

陈列馆内海洋动物共展出标本800余种，其中中国常见鱼类300余种。展出的抹香鲸长近14米，重22吨，为中国首次捕获的最大齿鲸标本。陈列的海洋植物有海藻、褐藻、红藻和种子植物等，共展出标本100余件。

水族馆是1931年由蔡元培、杨杏佛、李石曾等进步人士发起募集资金兴建的，这里也是我国第一个海洋生物研究室的诞生之处。

游人在游览、观赏海产博物馆的同时，也能获得丰富的海洋科学知识。

这里不仅给人以知识和美的感受，而且告诉人们保护生物多样性是我们的共同任务。青岛海产博物馆以海洋的魅力迎接着来自五湖四海的国内外客人。

门票：通票：海底世界（+海洋生物馆+淡水鱼馆）+水族馆（梦幻水母宫）+海兽馆（不含海兽表演）旺季120元，淡季100元；海底世界（海洋生物馆+淡水鱼馆）90元；水族馆（梦幻水母宫）淡季20元，旺季40元。

开放时间：8：30—17：00。

交通导航：乘坐6路、26路、202路、214路、223路、228路、231路、304路、311路、312路、316路、321路、501路、都市观光1号线、机场巴士2号线、隧道2路、隧道6路车，到海底世界站下车即可到达。

邮电博物馆——邮电通信的发展旅程

位于青岛市市南区安徽路与广西路交界处的青岛邮电博物馆是青岛现存最早的邮电营业楼，是集展示现代工业遗产和德式老建筑、邮电专题博物馆、科普基地、爱国主义教育基地等多种功能于一身的文化与旅游场所。

青岛邮电博物馆建于胶澳德意志帝国邮局旧址，在建设格局上完全恢复了1901年胶澳德意志帝国邮局的历史原貌。它的一楼为接待大厅和免费展览区，二、三楼为主展览区。

1893年，清政府在胶澳总兵衙门后山杨家村设立了青岛第一个近代通信机构——胶澳电报房，青岛邮电迈出第一步。1897年德国入侵青岛后，在租借地和胶济铁路沿线城镇设立了较系统的邮电通信设施和管理机制，实行邮政、电报、电话三家分营制度。1914年，日本取代德国，接管了胶澳和胶济沿线德国邮电通信机构。1922年中国收回青岛主权，青岛邮电通信成为中国邮电体系的一部分。1938年，日本再次侵占青岛，垄断了青岛的邮电通信设施和业务。1945年，日本投降后，国民党政权将青岛邮电分为邮政、电报、电话进行管理。1949年新中国成立后，青岛邮电发展迅速。特别是自1979年改革开放30多年来，青岛的邮电通信事业已经全面与国际接轨。电话、传呼、大哥大……这些名词渐渐被人们淡忘，取而代之的是3G 、宽带、视频、彩信、博客等新潮名词。

博物馆馆藏文物千余件，有历史图片2 000余张。涉及各个历史时期20多个国家制造的电话机，其中最古老的电话机为1905年爱立信公司生产的壁挂式木刻电话，目前全世界仅存不到十部。法国早期的电话机，可以做到三方通话，实现早期的电话会议。这是一种特殊的电话，它除了电话手柄外 ，还单独有一个听筒。比较有趣的说法是，法国男人太浪漫，于是就发明了这种电话机，可以让丈母娘随时监控女婿的通话。因此，这种电话机被称为"丈母娘电话机"。在众多展品中，还有一个大号的"大哥大"颇引人注目，它高40厘米，宽8厘米，厚

8厘米，学名为"美制报话机"。据介绍，这个大块头就是"大哥大"的雏形，在二战期间广泛应用于军事联络。在二楼展厅，有复原过的孔祥熙办公室。20世纪20年代初，孔祥熙接受其同学、时任鲁案善后委员会督办王正廷的邀请，出任胶澳商埠电话局局长。为还原这段历史，邮电博物馆的工作人员在市档案馆的支持下，查询了大量历史资料，找到当初胶澳商埠督办印发的当初孔祥熙离任的训令，有力地佐证了这段历史。孔祥熙离开青岛后，留下了少量曾经使用过的物品，其中包括一张20世纪初的日式办公桌，一本密电码本等。

博物馆内整体收藏以历史进程为线索，展览陈列内容分为"寻根溯源""风云变幻""曲折发展""红色记忆""焕然新生""现代通信体验"等六大部分。游客可以通过声光电、图片资料和实物来了解百年来青岛的市井民风和邮电通信的发展进程。

邮电博物馆

门票： 50元。

开放时间： 08：30—17：30。

交通导航： 乘坐6路、25路、26路、202路、217路、220路、223路、225路、304路、307路、311路、312路、316路、321路、501路、都市观光1线、隧道2路、隧道6路到栈桥站下车。

119

德国监狱旧址博物馆——欧人监狱

位于常州路25号的青岛德国监狱旧址博物馆是一座集古堡式监狱建筑群、司法大队建筑为一体的特色博物馆，是全国现存最早的殖民监狱旧址之一。

    青岛德国监狱始建于1900年，这座 "欧人监狱"共包括各种建筑26栋，由"仁、义、礼、智、信"五座监房和一座工场等组成。作为一座典型的德国古堡式建筑，"欧人监狱"是我国目前保存最完整、最早的殖民监狱。

    1900—1995年该建筑群一直作为监狱（看守所）使用，德国侵占青岛时期为德国关押非中国籍人犯的监狱；日本第一次侵占青岛时期（1914—1922年）为日本守备军囚禁场；1922年中国政府收回青岛后为青岛地方检察厅看守所；1929年为青岛地方法院看守所；日本第二次侵占青岛时期，"仁""义"字监房为日本海军囚禁场，日军在"仁"字监房增设了水牢，"礼""智""信"字监房和工场等为伪青岛地方法院看守所；1945年日本投降后为青岛地方法院看守所，其"仁""信"字监房关押日本战犯和汉奸；1949年青岛解放后为青岛市

博物馆正门

博物馆石碑

人民法院看守所；1955年为青岛市公安局看守所，1995年该所迁出。为开辟青岛历史深度游的新景点，自2005年3月起开始对这里的建筑进行修缮，修缮后的欧人监狱定名为青岛德国监狱旧址博物馆，并于2007年4月30日正式对外开放。

　　如此完整的一座监狱得以保留，在中国监狱近代史上是唯一的，在世界上也不多见。当年青岛工人运动领导人、中共青岛四方支部书记李慰农和《青岛公民报》主笔胡信之，曾被反动军阀逮捕关押在这座监狱。从青岛德国监狱东侧进入一楼监舍，要通过三道铁门，那一扇扇牢狱之门曾经关闭着几多隐秘。博物馆用高科技幻影成像来展示德军、日军、国民党反动派使用这座监狱时所发生的历史故事。

门票：25元。

开放时间：8：30—17：00。

交通导航乘坐6路、26路、214路天后宫站下，或乘坐1路、25路、202路、223路、225路、228路、231路、304路、307路、311路、312路、316路、321路、367路、501路到大学路站下。

高凤翰纪念馆——文学与艺术的完美结合

坐落于胶州市定州路西端的高凤翰纪念馆，是一座主要以收藏著名的"扬州八怪"之一高凤翰的艺术作品、研究高凤翰生平与艺术成就，并向人们进行宣传教育的专题性纪念馆。

高凤翰纪念馆，顾名思义，是为纪念胶州历史名人——高凤翰而建的，占地9 300平方米，分为故居和附属设施两部分。馆内环境幽雅，游人步入其中，会对一代艺术大师肃然起敬。

关于高凤翰：他是"扬州八怪"之一，字仲威或西园，号南村，晚号南阜，是我国17世纪末到18世纪初的扬州派左笔书画家及诗人、篆刻家。清乾隆二年病废右臂，因此又号"丁巳残人"。高凤翰一生才华横溢，笔耕不辍，以其超然的左笔书画、篆刻、治砚及韵律十足的诗文蜚声艺坛，并以为官清廉、同情百姓疾苦的高尚品质赢得了世人的钦佩，为后世留下了大量宝贵的精神财富。他的一生在仕途上坎坷不平，但他对艺术的追求却永无止境，在右手患病麻痹后，又用左手坚持练字。

高凤翰纪念馆包括展室、陵园、故居及附设几大部分。进入其中，可以看到室内陈列内容充实，以供参观者了解高凤翰的家世、创作等情况。展室共有五处：第一展室主要展示高凤翰的生平及其简介，第二和第三展室主要展示高凤翰的艺术成就；第四、五展室是临时陈列展览室。陵园里陈列的主要是另一扬州八怪之一郑板桥为高凤翰题写的墓碑，以及以高凤翰本人的书法作品刻制的碑廊，且有松柏环绕，庄肃典雅。故居部分包括春草堂、南斋、石鳌馆、西园和西亭、南斋池、北堂。其中春草堂系取谢灵运"池塘生春草，园柳变鸣禽"之意而得名，曾是高凤翰的父辈及后来高凤翰会同朋友进行诗书画创作的地方，亦是成年人在此深造的所谓"馆塾"；石鳌馆是高凤翰家会客、接客、议事的地方，也是年祭时借为"祠堂"的用房；南斋是高凤翰家的学屋（私

高凤翰纪念馆

馆内布置

塾），幼小时期的高凤翰即在此读书；北堂（台房）是高凤翰居住的地方；西园是高凤翰家的西花园，系沿用魏文帝铜爵台西园之宴、宋代附马王诜西园雅集和唐代张说的"东壁图书府，西园翰墨林"之意而得名，其中竹西亭是西园里最雅致的建筑，依据唐代杜牧的"扬州竹西亭"诗而得名，最为高凤翰喜爱，因此有号"西亭半人""西亭寄客"等，尤其晚年他多在此会友，进行艺术创作；南斋池系取高凤翰印"宅荒犹有谢家池"之意，附设包括"雕像""泉亭""高会园"和"高凤翰学会"，同时建有人工湖、方亭、长廊、假山等，院内遍布奇花异草，茂林修竹，曲径通幽，郁郁葱葱相互照映，别有一番情趣。

门票：6元。

开放时间：上午8：30—12：30，下午1：30—5：30。

交通导航：乘坐市内3路公交车可自"庸生花卉基地"到达"高凤翰纪念馆"，也可乘坐17路公交车到南三里河村站下车。

葡萄酒博物馆——如梦似幻

推荐星级：★ ★ ★

青岛葡萄酒博物馆是以葡萄酒历史与文化展示为主题的集科普教育、收藏展示、旅游休闲、文化交流等多种功能于一体的特色博物馆，同时也是国内第一座以葡萄酒为主题的地下博物馆。

位于市北区延安一路68号的"葡萄酒博物馆"，是由人防工程改建而成的，以葡萄酒为主题，全面追溯葡萄酒的源起与历史，展现葡萄酒的文化与品质，是普及葡萄酒工艺与知识的博物馆，也是青岛红酒坊重要组成部分。

这座欧式古堡建筑，融合了英国、法国、意大利、西班牙等多国风格，总占地面积8 000平方米。馆内以现场讲解、多媒体、实物、图像、雕塑等多种方式对葡萄酒文化和历史进行全方位展示。走进博物馆的大门，映入眼帘的首先是一条通道，通道两边的墙壁上挂满了各式各样的宣传橱窗，在灯光的照耀下闪烁着五光十色的色彩。为了安全，博物馆还在通道的顶部安装了钢纱网，这些小细节更加体现出博物馆的精致。

葡萄酒博物馆里分成几个展区，迷离的灯光打造出如梦似幻的感觉。葡萄酒历史馆庄重宁静，葡萄酒器皿馆奢华高雅，神泉馆里两条巨龙欢快地吐水，酒神狄奥尼索斯的雕像栩栩如生，商务会馆宽敞明亮，中国葡萄酒银行简洁大方，华东葡萄酒展馆古香古色。走进天然葡萄雨林馆就像进入了梦幻般的庄园，四处伸展的葡萄藤环绕着各个葡萄产区的知名酒庄，葡萄圣树张开宽阔的"臂膀"连接着四处的葡萄藤。国际馆展示的是具有各国风情的葡萄酒产品及产区文化。

门票： 50元。

开放时间： 9：00—16：00。

交通导航： 乘坐15路、219路、220路、302路、306路、368路、604路到动物园下车，步行66米即到。

奥帆博物馆——奥帆文化

推荐星级：★★★

奥帆博物馆的定位是以奥帆赛及奥帆文化为主线，以实物、图片等资料为基础，以现代化展示手段为补充，形成室内展览与室外场景互动的国家级奥运遗址类大型专题博物馆。

奥帆博物馆位于青岛市市南区新会路1号，建筑面积9 359.8平方米，地上两层，地下一层。大楼建筑西侧的阳光大厅造型独特，通过13根钢构排架按照一定的规律旋转组合出扇面一样的空间体系，犹如相机将帆旋转的瞬间一帧一帧地记录下来，合并在同一个时空。

博物馆以奥帆赛为核心，以奥帆赛历史渊源与发展脉络为线索，以中国百年奥运梦想为铺垫，集中展示青岛配合北京申奥、迎奥、办奥全过程。博物馆分为室内展区和室外展区两大部分。室内展区面积约为3 500平方米，根据奥帆博物馆的功能定位，分为：专题陈列展区、互动教学区、序厅、序厅辅陈展区、交流展厅、学术活动厅、公共服务区、基本陈列展区等八个部分。收藏社会各界捐赠的展品1 100余件，其中较为珍贵的有：奥运会开幕式缶、竹简等道具；澳大利亚著名画家比利奇先生的"大青岛"油画一幅；殷剑、徐莉佳、鹰铃级（鹰铃级是帆船的级别，由三人操纵，龙骨型帆船）奥帆赛比赛用船；何振梁先生题写的博物馆馆名一幅；500枚为一套的奥运篆刻印章；奥运剪纸长卷和张娟娟比赛用弓、箭等。

博物馆是集研究、教育、欣赏征集、保护、展示功能为一体的公共文化场所。采取资料、图片、实物、场景复原相结合的方式，综合利用声、光、电高科技多媒体展示手段，全面营造具有传播效应的复合型展览效果。

门票： 30元。6周岁及以下、身高1.2米及以下儿童，现役军人、65周岁及以上老年人、残障人士持有效证件免票参观。7至18周岁青少年、全日制大学本科及以下学历学生，60至64周岁老年人持有效证件半价参观。
开放时间： 9：00—17：00。
交通导航： 乘坐210路、231路、402路、504路到奥帆基地下车，步行582米到达。

德国第二海军营部大楼旧址——昔日再现

德国海军第二营部大楼是青岛德国建筑群23座建筑之一。

在青岛市沂水路上，一段围墙，些许绿树，德国第二海军营部大楼就矗立在那里。

德国第二海军营部大楼始建于1899年，初时为德国高层官员官邸，称"十一号官邸"。该建筑为德国文艺复兴式建筑，砖石木结构，平面呈不规则形，方块形花岗岩砌基，褐黄色沾灰墙，层间嵌条石，多折坡屋面。主立面南向，中部凸出墙面，隅石勒墙角，顶部拱起三角山墙。楼房正中是宽敞的楼梯厅堂。书房、交谊室和客厅设在一楼南侧，西面是餐厅。旁边靠北是厨房和餐具室。主入口设在东面，其后的塔形附属建筑是供仆人使用的楼梯。二楼有三间卧室、宽大的衣帽间、更衣室和浴室各一间。杂役人员住在阁楼上。1912年，这幢围有护栏低墙的"十一号官邸"建筑改称第二海军营部大楼。1923年，青岛诊疗所迁至第二海军营部大楼。1933年扩建，改名为青岛铁路医院。1938年1月被侵华日军接管，铁路医院迁出。

昔日的"辉煌"，随着历史的变革，人去楼空，门窗紧闭。现在院内除了居民外还有一个洗车场、一个社区办事处、一个咨询服务处、一个火车票售票点、一个发廊。

门票： 免费。

开放时间： 无。

交通导航： 乘坐221路到青医附院站下车即可。

十一号官邸

第 6 章

时光交错，跨越时空的脚步

栈桥——青岛市重要标志

青岛栈桥，俗称前海栈桥、南海栈桥、大码头。全长200米，宽10米，石基、水泥铺面，桥面两侧装有铁护栏，是青岛最早的军事专用人工码头建筑。

　　说起青岛栈桥，恐怕没有青岛人不知道的。而要知道这座栈桥的历史，就要从100多年前的清朝末年说起。

　　1891年，清政府下诏书在青岛（时称胶澳）建置。1892年清政府派登州总兵章高元带四营官兵驻扎青岛，为便于部队军需物资的运输，建了两座码头。一座即为现在的栈桥，另一座是位于总兵衙门前方的"衙门桥"，长100米，宽6米，亦称"蜗牛桥"。这两座码头都是中国工程师自己设计的，是青岛最早的码头。栈桥是当时唯一的一条海上"军火供给线"，也就是说，谁控制了栈桥，谁就控制了胶州湾。1897年，德军以演习为名，从栈桥所在的青岛湾登陆，武力占领了青岛，栈桥成为德军侵占青岛的见证。德帝国主义侵占青岛

栈桥

栈桥夜景

后，于1901年5月将原桥北端改为石基，水泥铺面，在南端钢制桥架上铺设木板，并建轻便铁轨，将桥身延长到350米，仍为军用码头。1904年大港第一码头建成后，栈桥逐渐失去它作为码头的历史使命，开始向游人开放。第一次世界大战期间，日本从崂山仰口登陆占领青岛后，在这座桥上举行阅兵式，以此证明其对青岛享有"充分主权"。1922年青岛被中国北洋政府收回后，当时的水兵在此阅兵。1931年南京国民政府出巨资由德国信利洋行承包重建，桥身加长到440米。桥南端增建了箭头型的防浪堤，并在防浪堤上修建了具有民族风格的回澜阁。整个工程至1933年4月竣工。这座位于青岛市市南区海滨的栈桥从此成为青岛第一景，同时被视为青岛市的重要标志。

新中国成立后，多次对栈桥进行维修，1985年又对栈桥进行了大规模的全面整修，两侧围以铁索护栏，12对欧式桥灯相峙而立，外铺花岗岩石台阶。1998年底至1999年6月，再次对栈桥进行了大规模整修，此次维修既达到防风浪、防腐蚀，保持原有风韵的要求，又与两侧护岸设施相匹配，增加了美观效果。

门票：免费。

开放时间：全天。

交通导航：乘坐2路、5路、6路、8路、25路、26路、217路、218路、220路、223路、225路、301路、304路、305路、307路、311路、312路、316路、320路、321路、325路、501路、隧道2路、隧道3路、隧道6路均可到达。

山炮台遗址——青岛炮台之最重要者

位于青岛市市南区兴安支路1号的山炮台遗址是侵略青岛德军的九大永久性炮台之一，是军事总指挥部所在地，曾被德军谓之为"青岛炮台之最重要者"。它由南、北炮台和德军"青岛要塞"地下中心指挥部所组成。

山炮台遗址，系侵华德军1899年所建，是日德之战仅存的战争遗址，同时也是青岛市优秀建筑。青岛的百年都浓缩在这里。

当年德军占领青岛山后，在山南坡安装了两门克房伯大炮，在北坡安装了四门。并将山体掏空，建立了一座永久性的地下要塞，这就是炮台地下遗址，俗称"德国地下军事指挥所"。这座"地下军事指挥所"共1 600平方米，42个房间，共分为三层：最上一层为军事观测区，二层为作战指挥区，三层为后勤区。这些分区虽功能不同，但上下相连，左右均有通道和出口。遇到战事紧急情况，还有"紧急通道"。在要塞内，不仅有作战指挥室、报务室、会议厅、营房、锅炉房和弹药库等，还有医务室、仓储室和水井、厕所等。所有作战所需的房间和物品，均应有尽有，形成了一个非常完整的作战单位。在山头的外部，为了保卫地下要塞，德军还设立了不少防御性碉堡和暗堡。为了使这些军事设施更有隐蔽性，德军还在山上种植了黑松、刺槐、青朴、黄连木和短柄袍栎等。炮台下面是俾斯麦兵营，平时有士兵把守，保护着这里。一旦战争发生，德国驻青岛的高级指挥官对上直接接受德国胶澳总督甚至德皇威廉二世的命令。现在这里是海洋大学的校园。

1914年第一次世界大战爆发，日本趁机对德宣战，青岛成为亚洲唯一的战场。日德两国军队在青岛山进行了激烈的炮战，德军战败投降前自行炸毁了南、北炮台，唯地下指挥部保存比较完整。

为了铭记史实，人们于1998年建造了青岛山炮台展览馆。展览馆内史料翔实，借助300余幅照片及上百件实物，将胶澳设防、胶州湾事件、德国的殖

山炮台遗址

展览馆

民统治、日本的军事侵略、苦难与抗争、五四运动与青岛等六段史实真实地再现，详细全面地展现了从1897年到1922年间的青岛历史。从"巨野教案"引发的"胶州湾事件"到1914年第一次世界大战日军的侵略；从群众的奋起抗争到由于要收回青岛引发的五四运动，走进青岛山炮台展览馆，就能够了解到青岛1897—1922年的历史缩影。

炮台作为反映日德战争与青岛殖民统治情况的宝贵历史遗址，也在发挥着旅游资源的作用。除炮台遗址和展览馆，青岛山炮台公园内还建有翠波、知春、梅友、览趣等春夏秋冬四景，还有"福"字照壁、伦克忠烈士纪念碑等景点，成为一处集教育、休闲、游览、娱乐为一体的人文景观。

门票：旺季10元，淡季：8元。

开放时间：8：00—18：00。

交通导航：乘坐15路、219路、302路、604路车到动物园站下。

岳石文化遗址——东夷文化的典型

岳石文化遗址是继山东龙山文化之后分布于海岱地区的一支考古学文化，因最早发现于大泽山镇东岳石村而得名。

    岳石文化是20世纪60年代中国考古的重要发现，是东夷族所创造的一种古老文化，为研究龙山文化的去向和夏、商历史提供了重要的资料。它让我们见证了青岛三四千年前的那段光辉灿烂的历史，成为青岛人民的骄傲。它不仅为中国古代文明形成的多元化提供了又一个重要的有力证据，而且为深入研究东夷文化和夷夏关系揭开了新篇章，也为研究海岱地区尤其是胶东半岛一带的古代历史开辟了广阔的前景，成为一次具有划时代意义的考古发现。

    这座1959年发现的遗址就位于青岛市大泽山西麓的东岳石村村东，南北长约70米、东西宽约200米，出土了大量石器、陶器、骨器和蚌器。考古发现它的时代大致与中原地区的二里头文化相当，时间在公元前1900—1500年。它与龙山文化分布范围大致相同，属于城邦国家发展时期。由于东岳石遗址中出土的遗物有独特的造型和风格，故被考古界称为"岳石文化"。

出土文物

岳石文化遗址

岳石文化的主体因素来源于海岱龙山文化，并且在其自身发展的过程中，不断创造出新的文化成分，从而丰富和完善了自身的文化内涵，并向着既定的方向演变。同时，它也吸收了一些其他文化的因素。古朴、典雅、厚重，是岳石文化陶器的主要风格，而夹砂陶草率粗糙，泥制陶古朴精致，两者反差甚大，又是岳石文化陶器的重要特征，推测两者是出自不同作坊的产品。其他诸如盛行的子母口、凸棱、唇边外凸或叠唇、器物转折圆钝以及器底周缘外凸的造型，均构成岳石文化区别于其他文化的特征与风格。

几种典型陶器的演化：甗，岳石文化的主要炊器，数量甚多，已发现者多为腰以下部分，完整者甚少；子母口罐，此类器型在岳石文化中数量不多，特征鲜明，并与龙山文化同类器的传承关系较为清楚；平底尊，是岳石文化指征性器类之一，可分三式；平底盒，均为泥质陶，高子口，折腹处突棱外伸，可分为三式；蘑菇纽器盖，是岳石文化的指征性器类之一，造型特征为顶部有空心或实心蘑菇形纽，子母口，可分为三式。

门票： 10元。

开放时间： 8：00—18：00。

交通导航： 从青岛汽车站乘车到大泽山路口，东行即依次到达西岳石村、东岳石村。

即墨故城遗址——胶东国之都城

即墨故城又称朱毛城、康王城，曾为胶东国都，是齐国东部著名的政治、经济、文化中心，是仅次于当时临淄的一大重镇。

即墨故城遗址位于平度市古岘镇东南大朱毛村，为东周至北齐遗址，因古墨水河得名。遗址分内外两城，外城南北长达5千米，东西宽约2.5千米，总面积约12.5平方千米。南、西两面城墙已不存，北城墙残高约1米，东城墙尚存1 500米，墙基宽约30～40米，高4～5米，全为夯土板筑，十分坚固。内城位于外城东南部，城内"点将台""金銮殿""养鱼池""梳妆楼"等至今尚存遗迹。即墨故城地下不断有珍贵文物出土。民国年间曾出土一窟古钱币，拉了20辆大车。1986年冬，一次出土"燕明字刀币"达28千克，另出土有弩机、铜舫、剑、戈、刀、币等。

即墨，战国时属齐邑，秦时置县，西汉时为胶东国之都城，又因胶东国康王都此，人称"康王城"。最晚建于春秋时期，废弃于隋开皇十六年。《史记》中苏秦曾赞曰："齐有琅琊、即墨之饶。"即墨故城雄伟壮观，富庶繁荣。后世因城设朱毛村，传说因春秋末年齐夫朱毛曾居于此，又称"朱毛城"。《左传》襄公六年（公元前567年）："十一月，齐侯灭莱。"乃建此城于原莱国之中，北依群山，南控芥茑。田齐置邑，封重臣为即墨大夫。据《史记·田敬仲完世家》，齐威王因左右对即墨大夫毁言日至，乃"使人视即墨"，见"田野辟，民人给，官无留事，东方以宁"，知即墨大夫不事其左右以求誉，故"封之万家"。齐湣王时，乐毅破齐70余城，唯莒和即墨未下，田单走安平，守即墨，大摆火牛阵以即墨破燕军，尽复齐之失地。这就是历史上著名的"田单破燕"事件。秦灭六国，以即墨城为郡治设胶东郡。楚汉战争中，项羽徙齐王田市为胶东

即墨故城遗址

王，都即墨。韩信破齐，齐将田既走胶东，曹参于此地击杀之。汉设即墨县，又迭为王国都城。西汉前期三封胶东王，康王刘寄及其子孙，传国直至西汉之末。后历东汉、魏晋、十六国，直到北齐天保七年(556年) 即墨废县。隋开皇十六年(596年)重设即墨县，即今之即墨市区。

门票： 免费。

开放时间： 全天。

交通导航： 从青岛汽车站坐车，经平度、麻兰、古岘、即墨故城遗址即可到达。

六曲山古墓群——诉说着千年的故事

六曲山古墓群是山东省面积最大的古墓群，也是我国现存的规模较大、等级较高的汉代陵墓。墓葬大部分坐落在山头和山前，有的墓孤立在一个山头，有的墓两座相连，还有的大墓两边排列无数小墓，宛如众星拱月。

这是一座汉代古墓群，有大中小型墓葬数百个，它们绵延于即墨故城北的六曲山上，东起龙虎山，西至窟窿山，蜿蜒近15千米，分别在云山、古岘、麻兰镇的十多个村的30余个山头上，故名"六曲山古墓群"。

即墨故城是胶东名城，是历史上不少朝代王、侯的陪都和封地。在1 000多年的时间里，前后共有八王、六侯、一相在此。这些王公贵族的墓冢便在此形成了一个规模宏大、蔚为壮观的古墓群。清朝平度知州李世昌在《平度州志》序中写道："在战国时属齐即墨。昔田单尝以孤军抗燕，收齐七十余城，故其后之忠臣、孝子、义士、仁人间世逆出。秦并六国，废为郡。汉兴，鉴秦之弊，分王子弟，犬牙绣错。而悼惠以天子至戚王齐，得推恩，分列食邑，故其子雄渠遂王胶东焉，是即其地也。厥后国除。景帝二年，更以子寄王胶东，传至数世而中衰。"又说从平度东望六山，其上有康王冢在焉。慨然曰："此帝子之遗墟也，今其轶事尚有传焉者乎。"

这里的墓穴多且深，且彼此通渗，故有"一洞点火，满山冒烟"之说。大部分墓葬封土完整而高大，并筑有方台，台基用条石砌成，上铺沙土。台前残存有斜坡，可能是原来台阶，有古建筑遗迹。墓周围发现大量汉代板瓦、筒瓦和卷云纹的残瓦当及花纹砖、空心砖等。墓葬大部分属汉代，少数为东周时期。

在这众多的古墓中，最著名的当属康王刘寄墓。康王名寄，景帝十二子，景帝中元二年（公元前148年）立为胶东王，谥号康王，赐都即墨。该墓位于古岘镇蓬莱前村西云台山上，古称"西陵台"。西陵台封土完好，台基高大，经测量，其方形高台南北长120米，东西宽100米，高约16米，陵台中央又有高约6米、直径约40米的封土。它是探讨西汉时期胶东国政治、经济、文化、军事以及当时诸侯王埋葬习俗的珍贵实物资料，具有重要的考古价值。千百年来在胶东一直流传着"打开康王坟，山东不受贫"的民谣。这里地域广阔，山丘连绵，有山有水，林果遍野，田畦纵横，自然环境优美。

六曲山古墓

六曲山古墓群

门票： 免费。

开放时间： 8：00－17：30。

交通导航： 从青岛汽车站坐车，经平度、麻兰、古岘、六曲山即可到达。

德式官邸旧址——西方建筑的顶峰

德式官邸，又称"提督楼"，是当年德国胶澳总督的官邸。1905年10月－1907年10月，由德国建筑师马尔克设计、施特拉塞尔监督施工建造。

位于市南区龙山路26号的德式官邸旧址是一座德国古典皇宫庭建筑，其造型之典雅，装饰之豪华，轮廓线条之优美，色彩之瑰丽，至今仍居我国单体别墅建筑之前列。

1897年德国侵占青岛时，胶澳德国总督的官邸选择在信号山的半山腰上。德国总督相当于中国旧时地方军队的最高职位——提督，故此楼又俗称"提督楼"。但是德国的第一任总督托尔帕尔在里面却并未居住几天，主要是因为该建筑的建设费用花费过大，达到了近100万马克，导致他回去后直接被议会弹劾下台，又换了一任新总督。

1914年11月日德交战，驻青德军战败后离开，此处遂成为日本历任驻青守备军司令的住处；1922年12月我国收回主权，此处为胶澳商埠督办总办官邸，后为国民党历任青岛市长的官邸；1932年沈鸿烈任市长后，不再入住此处，而把它作为接待宾客之用，1934年此处正式命名为"迎宾馆"；1938年日军第二次侵占青岛，此处被日军作为"国际俱乐部"供人娱乐；日军投降后，又改为"迎宾馆"。新中国成立后，迎宾馆作为政府接待的宾馆，曾接待过许多国家的领导人和贵宾，如胡志明、西哈努克亲王、前澳大利亚总理希尔等。1957年7月12日至8月12日，毛泽东主席携夫人江青及女儿李纳、李敏来青岛时也居住在此。

我们看到的这座20世纪初建造的具有欧洲皇家风范的德国古堡式建筑，在欧洲大陆甚至德国也不多见。房屋局部以花岗岩石料装饰，石面加工粗朴，正门墙饰以淡绿色、淡灰色花岗岩石，顶部石料雕以美丽的图案，于粗放之中见

德式官邸旧址

精巧。米红色筒瓦、蓝色鱼鳞瓦、绿色牛舌瓦铺设的楼顶，使大楼更加精美别致。这座建筑造型独特，气势雄伟，成为青岛近代建筑的奇葩。楼分四层，共有大小房间30个。底层为半地下房间，原为总督仆从及膳食用房。

在近百年时光中，德式官邸虽历尽沧桑，但其基本价值感依然烁目。客观地说，就历史文化内涵与建筑艺术价值而言，20世纪在中国出现的其他西方建筑恐无一能出其右。而就青岛这座历史文化名城而言，德式官邸俨然成为我们身处其中的这个文化名城之百年演进史的一个生动缩影。

门票： 旺季20元/人；淡季13元/人。

开放时间： 夏季：8：30—17：30；冬季：8：30—17：00。

交通导航： 乘坐1路、214路、217路、220路、225路、228路、231路、367路、隧道1路、隧道5路在青医附院站下车；乘6路、25路、26路、202路、223路、304路、307路、311路、312路、316路、321路、501路在大学路站下车。

天柱山魏碑——书法刻石艺术瑰宝

天柱山魏碑又称下碑、天柱山摩崖石刻、郑文公碑，是中国书法艺术瑰宝，碑文刻在一块天然巨石上，1400余年至今仍清晰可辨。

北魏永平四年（511年），光州刺史郑道昭为其父持节将军兖州刺史南阳公郑羲在今平度市大泽山之右的天柱山上立碑，将其生平事迹和著述刻于碑上。因郑羲的谥号为郑文公，故此碑的全称为："魏故中书令秘书监郑文公之碑"，简称郑文公碑。

据历史记载，碑刻的主人公郑道昭是北魏最著名的书法家，其书写的魏碑体，突出体现了我国书法由隶书到楷书的转变。公元511年，郑道昭选择天柱山半山腰一块天然碑状石，稍加琢磨，组织撰刻。此碑碑体略前倾，高3.5米，宽1.5米。文19行，每行50字左右，计881字。通篇碑文格调高雅，文采华丽，书法宽博，笔力雄健，是不可多得的宝贵书法艺术。后人称之为《郑文公上碑》。细读《郑文公上碑》作品的基本笔法，人们可以发现，它上溯先秦笔画浑成、骨力内含的特点，吸收了汉隶的跌宕瑰丽、沉稳又见爽利的姿态。还可以看出，凝重浑朴的隶书风格被清丽飘洒的楷书风格代替，有隶楷过渡的痕迹。如：点画加长，代替撇笔和捺笔，且出锋锐利。欲竖先横，欲横先竖。还可发现，其用笔既有篆法圆转形成的圆笔印象，又有隶法方折形成的方笔感受，方圆兼备，变化多端。

1984年5月，刘海粟登山为郑碑题词，赞为："魏碑国宝，绝壁生辉。"天柱山摩崖石刻是我国稀有的书法刻石艺术瑰宝。在天柱山其他地方还有零星石刻分布。

魏碑拓片

天柱山石碑

　　游人观之，会感到它有一派仙风道骨，浑然而不食人间烟火的超尘脱俗之境。一个多世纪以来，日本书法界对此也非常尊崇，均以能亲睹此碑为荣。近年临碑观摩者接踵而至，当地以此为媒，促进中日经济、文化交流。

门票：10元/人。

开放时间：7：00—17：30。

交通导航：先乘汽车从积米崖到灵山岛，再乘坐"灵山号"客轮即可。

公主楼——童话世界

青岛公主楼位于居庸关路10号，小楼由一座尖塔与不规则斜顶屋组成，南部有方型平台，就像是童话故事中常有的模样，精巧可爱。

　　1940年9月，W.G.尤力甫在给萨德担保时，设计了一座童话中的古堡，这就是占地近千平方米的公主楼。

　　W.G.尤力甫是20世纪30-40年代青岛最著名的建筑师，尤其擅长设计单体住宅，八大关很多别墅建筑出自其手。据档案记载，在1948年离开青岛之前，尤力甫至少设计了400余栋建筑。1938年日本第二次占领青岛后，建筑业日益萧条，许多建筑师事务所经营惨淡或关门停业。唯有尤力甫的事务所是个例外，原因就是他的舅舅是法国驻青领事。他依靠这层关系，在日渐萧条的建筑市场上，获得相当数量的设计订单。至今，尤力甫设计的建筑图纸还完好地保存在青岛市档案馆里。他不仅设计了公主楼建筑主体，还包括侧旁的辅助二层建筑——佣人和汽车用房，今天这座辅助建筑已由原来二层变成了一层，何时

主楼

公主楼

拆除改建？无可稽考。如今，居庸关路上的这座建筑已是八大关风景区内最著名的建筑之一。

关于公主楼的来历，还有一段美丽的故事。据说在1929年，有一位丹麦王国的王子乘坐"菲欧尼亚"号豪华客轮来青岛游览观光。当他来到湛山海滨时，深为八大关美丽的海滨风光所吸引。1931年，丹麦王国在青岛设立了领事馆，首任领事叫赵亨生。丹麦王子遂委托赵亨生在八大关海滨购置土地，按照安徒生童话中的意境设计建造了这座丹麦古典式建筑，准备将其作为礼物赠送给丹麦公主。虽然丹麦公主最终没有来过青岛，但"公主楼"的名字仍不胫而走，广为传播。

该建筑为丹麦式建筑风格别墅。主楼为砖木结构，地下一层地上三层，花岗岩砌基，屋脊双面陡坡呈尖耸状，开有可远眺海滨的气窗，墨绿色粉刷墙面上的楼层窗外，由白绿色马赛克嵌饰框边。建筑造型简捷、流畅、精巧、活泼。室内有壁橱、质地考究的木扶梯、地板及墙裙，房间小巧明亮，起居设施完备。室外西南有宽阔的草坪，衬托主建筑更显高雅、醒目。

然而，如今公主楼的主楼已挂牌为肾病医院，只能在外远观。

门票： 免费。

开放时间： 全天开放。

交通导航： 乘坐6路、26路、31路、206路、223路、304路、311路、312路、316路、317路、321路、501路、604路、801路、802路在武胜关路站下车，步行前往。

花石楼——洋楼式城堡

花石楼位于青岛黄海路18号，是一幢欧式海滨别墅。楼建于1932年，建筑面积800平方米左右。主体共分五层，顶层为观海台，侧有铁尖顶。

苏联十月社会主义革命以后，一大批俄国人来到青岛定居。据说，花石楼就是一位名叫格拉西莫夫的白俄罗斯设计师于1932年建造。由于楼内用大理石贴墙面，楼外又砌有鹅卵石，故多年来人们一直称之为"花石楼"。建筑主体由圆形和多角形组合而成的建筑物正面造型，别致有序。楼门台阶下的花岗岩石尊，既可用于栽花，又可用作晚间燃火照明，足见设计者之匠心。楼下石阶分为2层，上层6级，下层9级，有石径通往铁栏大门。庭园内广植花木，是青岛颇具特色的著名建筑。

楼内布局

花石楼

相传蒋介石曾居于此，特务头子戴笠及当时的电影红星白光来青岛时，也曾在这里住过。新中国成立后，花石楼成为接待中外贵宾的馆舍，门牌号为黄海路18号。党和国家领导人董必武、陈毅等都曾在此下榻过。陈毅元帅第一次到青岛时就住在花石楼，对青岛留有极深的印象。他说，五四运动时就知道中国有个青岛，解放战争时期在山东打了许多年的仗，终于来到了青岛。他还借来《胶澳志》，详细阅读了青岛的历史，并写下了长诗《初游青岛》。花石楼与影视艺术也结下了不解之缘，电影《神圣的使命》《白雾街凶杀案》《总统行动》等都是在这里拍摄内景和外景的。

花石楼将罗马与希腊式风格，以及哥特式建筑的特色兼收并蓄，而且没有任何雕塑装饰，只采用了朴实无华的花岗岩贴于整个外墙的创造性手法，是西方多种建筑艺术风格融合的佳品。这里三面临海，气势恢宏，已成为八大关风景疗养区的标志性建筑物。楼前立着两块截然不同的标志牌，其中一块花岗岩石碑，碑上注明花石楼1903年由德国人所建。另一块不锈钢制作的标志牌，记载的"花石楼"始建时间是1930年至1931年，由白俄贵族所建。究竟以哪一个为准，至今未有定论。往来游客可以猜测一下，也别有一番乐趣。

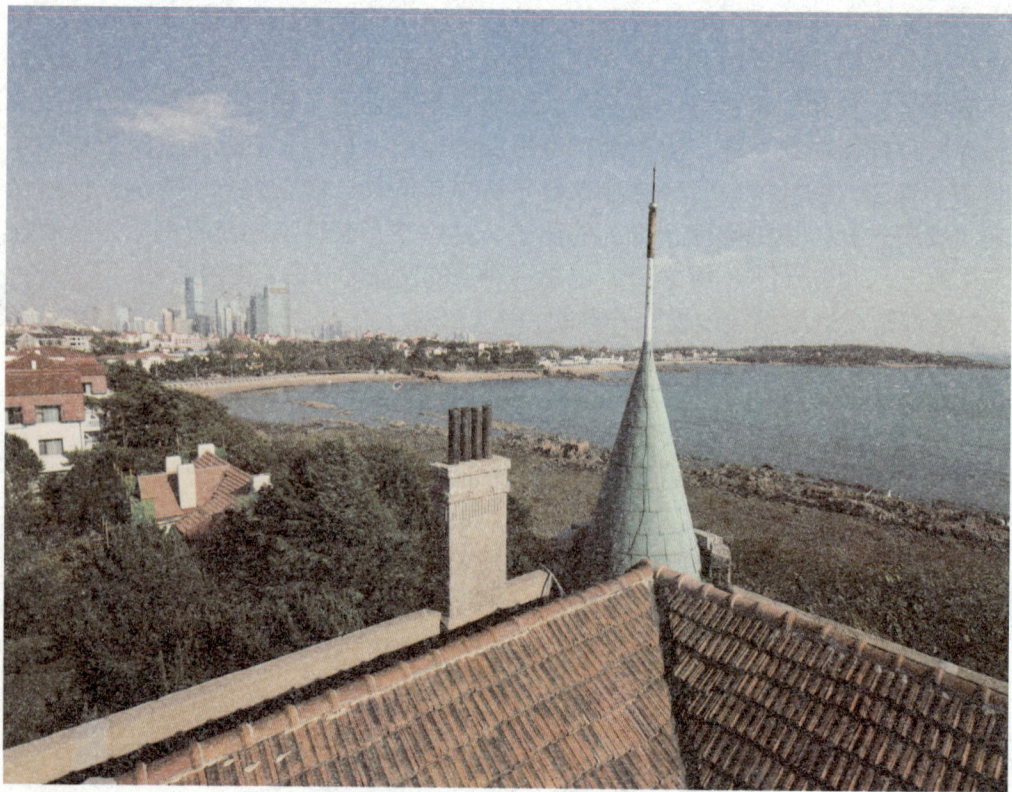

站城堡上向外远眺

门票：8.5元，使用道具另外收费。

开放时间：8：00—18：00。

交通导航：乘坐26路、31路、202路、206路、223路、228路、231路、304路、311路、312路、316路、317路、321路、370路、501路、604路、605路在武胜关路站下车，或乘214路、219路公交车在正阳关路站下车。

康有为故居纪念馆——人文殿堂

康有为故居纪念馆为德式三层楼房，始建于1899年，原系德国驻青岛总督府要员官邸。1923年康有为始入住其中，称之为"天游园"。

康有为是中国近代维新派领袖。戊戌变法失败后，康有为先生长期流亡海外，辛亥革命后方得以回国。1917年在他第二次来青岛时，市政当局安排他居住在青岛市南区汇泉湾畔的福山支路5号，先生对这里很是满意，于次年购买并进行改进装修。当时居住青岛的清朝第二代恭亲王溥伟欲举家北迁大连，二人私交甚笃，溥伟便将其家具赠送给了康有为先生。现在故居内的会客室、起居室、书房等室内家具，均为当时亲王所赠。康有为故居装修简单舒适，格调高雅，反映出康先生的个人审美习惯。嗣后先生在此会见文化要员，潜心研讨书艺，因此故居在国内外享有盛誉。

青岛市对康有为故居的维修十分重视，1986年曾做过维修并对外开放，其时86岁高龄的康有为弟子刘海粟来青岛时，亲笔为康有为故居题词，并为康有为墓撰写了碑文。1987，在故居旁增建了一处纪念馆，占地面积10 000平方米，建筑面积1 000平方米。纪念馆以与康有为相关的历史文物的收藏、展示与研究为主旨，业务范围涉及：康有为与"戊戌变法"资料的征集、整理、保护；文物鉴定与修复；康有为与近现代文化研究；青岛历史文化名人的宣传与研究；文化传播、文博培训与文化咨询；文物、字画、图书资料、文物复制品、艺术品、工艺品、旅游纪念品的开发与经营等。

康有为故居、纪念馆自建成开放以来，已接待了大批前来瞻仰、学习康有为的国内外观众。故居陈列馆重新修复开放后，增加了"康有为生平图片展"和"康有为藏品珍品展"两个展览。图片展翔实的资料和丰富的内容，介绍了先生坎坷奋斗、孜孜不倦追求真理的一生。藏品珍品展出了康有为书法原作、使用过的器物以及先生流亡海外时收藏的艺术珍品，康先生后裔捐赠的不少珍

康有为故居

品也同时与观众见面。这两个展览的不少文物资料均为第一次与观众见面，具有十分重要的历史价值和文物研究价值。

　　青岛康有为故居长期作为康有为研究工作地，收藏有不少相关的图片资料、文物藏品等，形成了具有收藏、展览、研究等为一体的综合性专业类博物馆。历经百余年风雨，它成为青岛历史文化名城的一座重要的人文殿堂，对认识中国近代史和百年青岛之人文内涵具有特殊意义。

門票：10元。

开放时间：旺季4月1日—10月30日8：30—17：00；淡季11月1日—3月31日8：30—16：30。

交通导航：乘坐6路、26路、214路、223路、304路、311路、312路、316路、321路、501路、801路车至海水浴场下车。

琅琊台——五千年的文明象征

推荐星级：★★★

位于胶南琅琊镇夏河城村东南6.8千米处琅琊山上的琅琊台，台顶部宽阔平敞，周长150余米，台基（含山体）面积为5.88平方千米，是一座具有祭祀、古观象功能的建筑。

琅琊台上的秦砖汉瓦和残陶片比比皆是；台东侧通往"望越楼"的小道旁，曾发现一条用残破的古代板瓦铺筑的道路；台的东南处和小台部位的断层夯筑痕迹清晰可辨；台北坡"御路"旁遗留塔形石砌构筑物；争高山脚下发现两处筑台时深埋地下的排水或供水陶管；台上残存的变质岩建筑石块，研磨精细，纹理美观。《山海经》云："琅琊台在渤海间。盖海畔有山，形如台，故名琅琊台。"从东向西逐渐隆起，向阳台坡度缓和，阴处坡度较陡，形成东西长约3千米，南北宽约1.96千米，东低西高的多道主山梁和其他山梁。

这里所述的琅琊台据《五经异义》引自《公羊传》："天子三，诸侯二。天子有灵台以观天文，有时台以观四时变化，有囿台以观鸟兽鱼鳖。"《史记·五帝本纪》："（帝尧）乃命羲、和，敬顺昊天；数法日月星辰，敬授民时。分命羲仲，居郁夷，曰旸谷。敬道日出，便程东作，日中，星鸟，以殷中仲春，其民析，鸟兽字微。"《史记·封禅书》："（齐之八神）八曰四时主，祠琅邪。琅邪在齐东方，盖岁之所始。"

琅琊台

观象台

　　据史书记载：早在春秋战国时期，齐桓公、齐景公曾游此。越王勾践灭吴后北上争霸，由会稽徙都琅琊，于琅琊台上"起观台，台周七里，以望东海"。秦始皇统一六国后，曾五巡郡县，三次登临琅琊台。始皇二十八年，秦始皇南登琅琊台时，在勾践筑台的基础上，构建琅琊高台，在台上建造春、夏、秋、冬礼祀四时主的神祠。《水经注》云："台在城东南十里，孤立特显，处于众山上，下周二十余里，傍滨巨海。秦始皇乐之，因留三月，乃徙黔首三万户于琅琊山下。所作台，台基三层，层高三丈，上级平敞，方二百余步，高五里。刊石立碑，纪秦功德。"同时，派遣方士徐福率数千童男童女和百工乘船入海求仙药。秦二世初即位时，又登台，除礼祀四时主，并复刻诏书于始皇所立刻石旁。其后，汉武帝四次登临。汉孝宣皇帝、东汉明帝皆曾游琅琊台，礼祠四时主。北宋大文学家苏轼，也曾于神宗九年登琅琊台考察秦碑，作《书琅琊篆后》跋文，并请友人文勋摹写刻石文字，连同跋文镌刻于石，置于诸城超然台上。明代，诸城知县颜悦道曾重修琅琊台，在台上建"海神庙"和"礼日亭"。清顺治年间，诸城知县程淓在琅琊台崖石上刻"长天一色"四个大字。据传，登游琅琊台者，陆续立龙头碑72座。

　　现在琅琊刻石收藏在国家博物馆，出土的秦代"千秋万岁"和"卷云纹"瓦当等珍贵文物收藏于胶南市博物馆。这些文物是五千年中华民族文明史的象征之一，也是东方和世界文明史上最具有代表性的一处文化遗产之一。

门票：50元。

开放时间：8：00—17：00。

交通导航：乘坐青岛-胶南市区-琅琊镇的公共汽车都可到达。

观象台——穹台窥象

青岛观象台是我国第一座大型天文观测室，于1910年奠基，1912年落成，主楼共7层，高21.6米。整体建筑是花岗岩圆体，顶部的球形是钢木结构，可转动，转动一周用时9分钟，观测窗宽1.2米。

在青岛市区诸多山头公园之中，唯独"穹台窥象"曾被列在青岛十景之中。穹台，即指坐落在观象山巅的中国科学院紫金山天文台青岛观象台，是近代远东三大观象台之一，在近代中国气象、海洋科学发展史上占有很重要的地位。观象山海拔79米，山势和缓，顶部平坦，花木葱茏，环境非常幽美。据记载，观象山20世纪30年代初就已辟为公园。

1898年德国海军港务测量部在馆陶路1号建气象天文测量所，后被日军两次侵占，1905年改称"皇家青岛观象台"。1914年，日本占领青岛后，又改称气候测量所。1924年，我国正式接收改称观象台。1926年，青岛观象台作为我国唯一代表应邀参加了第一届万国经度测量工作。1931年我国自行设计建造的高14米、直径7.8米的穹顶天文观测室在观象山顶落成。1932年我国引进的第一架直径32厘米天文望远镜投入使用，它标志着我国天文事业从此步入现代化的行列。1937年日本人再度强占，1946年抗战胜利后归还中国。新中国成立后，由海军接管。1957年，地磁、天文、地震三部分移隶中国科学院。从此，青岛观象台一分为二：气象部分归海军；另一部分定名为"中国科学院紫金山天文台青岛观象台"。后来进一步植树绿化，栽花种草，铺设石砌路径和增设石桌石椅、凉亭、花廊等。山顶处还有中国人民解放军总参测绘局于20世纪50年代所建的全国水准原点，全国各地的海拔高度皆由此点起算。80年代中期，观象山公园被规划为开展天文气象科普教育和登高游览的活动场所。

青岛观象台是我国现代天文事业的发祥地。它虽始创于德人，两度被日占，几易建制，但是它的主要业绩，特别是在天文学上开拓性的贡献，都是在我国接管后开展的。蒋丙然、高平子等老一辈科学家，在军阀混战、强邻逼伺

观象台

的艰难环境下开创了中国的现代天文事业。新中国建立后，除继续从事太阳黑子的观测和研究外，主要从事小行星、彗星、恒星以及人造卫星的照相定位工作。1985—1986年在哈雷彗星回归的国际联测中，该台参加精密定位大尺度结构观测和研究，取得精密照相定位资料210组。

门票： 8元。

开放时间： 不定期开放。

交通导航： 乘坐2路、5路、205路、212路、214路、218路、222路、301路、305路、308路、320路、325路、366路、702路、隧道1路、隧道3路、隧道5路、隧道7路车在市立医院站下车。

那罗延窟——神窟仙宅

那罗延窟又被称为"神窟仙宅""世界第二大窟"。它是一座天然石洞，宽7米，高、深各10余米，四壁如削，洞顶有一圆洞，颇似火山喷口，天光从此圆孔透入窟内。

那罗延窟，是一处天然的花岗岩石洞，被称为崂山十二景之一，位于那罗延山的北坡。这座天然洞窟四面石壁光滑如削，地面平整如刮。石壁上方凸出一方薄石，形状极似佛龛。洞顶部有一浑圆而光滑的洞孔直通天空，白天阳光透入洞内，使洞中显得十分明亮。清代即墨文人黄玉瑚有诗赞曰："荒山留佛骨，卓锡何年至？那罗延窟存，东来识大意。"在梵语中，"那罗延"是"金刚坚牢"的意思。相传，英俊潇洒的"那罗延王"力大无比，他就是在这座石窟中打坐修炼，而后凭藉神功拔地而起，冲开坚硬的花岗岩石层，成佛升天。僧侣们对此顶礼膜拜，视此窟为圣地。

当地人们代代传说着一个故事，那是1590年的一个深秋，崂山所有的莲花突然一夜之间全部绽放。一时间，莲花的清香飘万里。莲花本是夏季开放，何以在深秋如此绚丽绽放？当时的太守闻之大惊，说"莲花突然盛开，必有大德高僧光临崂山"。于是匆忙赶去海边迎接，果然看到五彩霞光中的海上驶来一船，一位身披袈裟、手持禅杖、足踏芒鞋的大师立在船头，他就是中国西行求法的第一人——法显大师。

法显法师是东晋高僧。东晋年间，时逢战乱，人们处于水深火热中。而中土传播了400多年的佛教，却三藏经典残缺，更无一部完备的戒律。为了求取真经，66岁的法显大师于公元399年，踏上了九死一生西行求法路。法显一行人马西出长安，经河西走廊，穿越敦煌，横渡"上无飞鸟，下无走兽，唯以死人枯骨为标识"的戈壁大漠，爬过"终年白雪皑皑"的葱岭，走过今巴基斯坦、阿富汗进入天竺国（今印度）。而后，法显大师又独自一人南渡狮子国（今斯里兰卡）。 这一天，法显大师在狮子国参拜无畏山寺的青玉佛像，忽见佛像边供奉着一块来自中国出产的白绢扇。法显大师不觉凄然，泪下满襟。高风清俊的大师，血脉中流淌的是中华民族情。15年间，法显大师寻求佛典，参拜圣地，苦学梵文，遍记经典。此时，与其说法显大师在求取经文，倒不如说是在吸纳、会通、融合异国他乡的文化。是的，海纳百川，有容乃大。光辉灿烂的中华民族文化植根于中国，也因吸收了世界各民族的优秀文化而更有丰采，更为丰厚。公元413年，79岁高龄的法显大师乘船回国，千波万浪将法显大师送到长广郡牢山，也就是今天的崂山。崂山，宛若一朵山海造化的莲花，绵绵山峰化作重重花瓣，一层一层，一叠一叠，拥抱着天涯归客，拥抱着西行求法"第一人"。"那罗延窟"在《华严经》里这样描绘："东海有处，名那罗延窟，是菩萨聚居处。"

明万历11年（1583年），高僧憨山大师慕名而来，他在那罗延窟禅定修行，这一坐就是800天。800天的禅定使窟中石头变成12朵金光闪闪的莲花，800天的面壁，化为峭壁处的那尊佛。

菩萨聚居处，自然是另外一番洞天。窟内四壁如削，清晰的石纹中静静涌动着花的浆汁。峭壁处一方薄石，颇似一尊佛，又颇似一朵莲，一缕阳光如拂尘，柔柔地拂来又拂去，拂来似佛，拂去似莲，这般幻境只能梦中寻。

门票： 免费。

开放时间： 全天开放。

交通导航： 乘坐106路、618路公交即可到达。

齐长城——可与长城相媲美

位于青岛市境内的齐长城是春秋战国时期，齐国为防御鲁、楚国的进攻，在南部边境修筑的绵延千里的军事屏障，它或以泥土板筑，或以乱石垒成，耸立于山岭之上。

　　中国有长城，蜿蜒如巨龙，在中国乃至世界上焉有人所不识。而在青岛也有一座长城，这座"长城"也是5 000年中华文明史的象征之一，是东方和世界文明史上具有代表性的一处文化遗产，具有较高的历史价值、科学价值和独特的文化艺术价值。

　　然而，关于这座齐长城和大家熟知的另一"长城"，在结构和历史意义上又有什么不同呢？依据文献记载，专家对齐长城的施工时节、施工地点、工程体制、施工进程、工程的管理与维修等方面进行了考述。齐长城多依山势而筑，山岭之地又多筑在峰顶处，故齐长城又有"长城岭"之称。但长城所经沿线亦有平坦之地，所以作为齐长城的整体建筑结构设计，城墙结构各异。随山势而筑地段城墙多系大小不一的自然石块砌成，一般不用灰浆等物凝固。而平原低谷地段所筑长城又多夯筑而成，土筑的城墙也称钜防或防门。城墙的建筑材料，多就近取材。山岭地段长城墙，因取石方便，即用石砌；平坦地带，因无石可取，即用土筑。

　　齐长城的修建有其独特的历史背景和地理环境。据考证，它的修建，借鉴了城池防御的手段，具有重要的军事、建筑、经济、文化等多方面的价值，非常值得研究和探索。从历史方面看，公元前771年，周平王东迁，王室逐渐衰落，而齐、鲁、晋等国则日渐富强，特别是齐国止崭露头角，渐渐崛起于东方。春秋齐桓公时期，齐国的社会经济有了长足的发展，出现了齐国奴隶经济的最后繁荣时期。管仲改革税收制度，采取"相地而衰征"的政策，使封建制生产关系较早地在齐国出现，进一步提高了生产力，特别是管仲提倡鼓励经商，发展农业，使齐国的农业经济和沿海工商经济有了较大发展。因此，齐国出现了经济繁荣、军事强大的局面。逐渐占据了霸主地位的齐国虽发展迅速，但是，强大的晋国却一直是齐国统治者心头的一块病，时时令其不安，而且当时其他诸国也纷争不断，战事颇繁，这对齐国也是一种威胁，因此确实需要设防。从地理方面看，齐国所受封地在泰沂山脉以北，背靠山面对海，海是不必防范的，西面和北面有黄河作为天险屏障。只有南面有出入泰山的陆地大道，直通向它南面的鲁、楚等国。虽然泰沂山是约定俗成的边界线，但因地势开阔，易守难攻，正是中原诸国进攻齐国的咽喉之地，是齐国需要重点防范的要塞，必需设防。而且据史料记载，春秋至战国初，各国主要是用战车作战，因此设防重点是修筑关隘，用来阻挡战车。到了战国时期，步兵以其机动灵活可以翻山越岭等优势，在军事上的位置越来越重要，这就迫使齐国在修建关隘的同时，还要建好山岭上的长城，以防步兵的入侵。正是出于防御目的，齐桓公开始在此修筑长城。随后，齐灵公、齐威王又不断将长城沿泰沂山脉向东增修，至齐宣王时已修至东海。鲁弱楚强，扩修齐长城重点是防楚，史载"乃齐宣王所筑，以御楚寇者"可以作为明证。明代、清代、民国时期的统治者又对莱芜境内的齐长城进行过维修，所以虽历经2 000多年的风风雨雨，但至今仍清晰可见这堪作历史见证的遗迹。青岛境内的齐长城是全程中保存最为完整的一段。

齐长城又是春秋战国时期各国所筑长城中现存遗迹保护较多的一处，其建筑宏伟，规模壮观，凝聚着2 500年前我国劳动人民的勤劳与智慧，体现了春秋首霸和战国七雄的强盛雄风，是中外历史上影响最大的军事防线之一，也是目前国内外年代最久远、规模最宏大、保存最完好的古建筑遗址。

门票：免费。

开放时间：全天开放。

交通导航：乘坐1路、6路、15路、18路、31路公交即可到达。

老舍故居——充满了艺术气息

青岛老舍故居即"骆驼祥子博物馆"。

老舍（1899—1966年），原名舒庆春，字舍予，笔名老舍。北京满族正红旗人，中国现代著名小说家、文学家、戏剧家。曾唱过黄梅戏，由于"文革"期间受到迫害，含冤自沉于北京西北的太平湖，终年67岁。

中国的博物馆多如牛毛，只有青岛的老舍故居以文学作品命名，属于首创，其中蕴意别具匠心，充满了艺术气息。老舍于1934年来青岛受聘于山东大学，直至1937年离开青岛，大部分时间居住于此。

进了大门，有个600平方米的庭院，矗立着先生头像和祥子拉车雕像。院子里还种有一棵银杏和山茶花——青岛市的市花。

博物馆一楼作为骆驼祥子博物馆的主展览场馆，展示了老舍先生在青岛居住期间的创作和生活情况，包括老舍先生生前的衣物、眼镜、印谱、钢笔、小古玩、花盆等，还有当年老舍先生在青岛创作时所使用的书桌，也被原地原样摆放。展厅中还摆放着由老舍先生当年的好友所捐赠的、老舍先生生前常用的刀枪剑戟。

馆内还收藏有40多个版本的《骆驼祥子》及其手稿复印件，其中有20种外文译本，单是日文，就有7种版本之多。二楼和三楼阁楼有5个具有20世纪30年代特色的茶室。

老舍故居

门票：免费。

开放时间：8：00—16：00。

交通导航：乘坐1路、25路、307路、367路到黄县路站下车。

万字会旧址——中国建筑史上的特例

万字会遗址是一座阿拉伯式建筑，初为万字会藏经楼，现为青岛美术馆。

万字会是一个慈善团体，对外叫世界红万字会，对内叫"道院"，重在崇尚道德精神，研究哲灵学理，以求民智之高远，科学之进化，与其他迷信机构不可同日而语。世界红万字会发端于山东省，在抗日救亡和大的自然灾害救助中，曾发挥了重要的慈善救济作用。

万字会青岛分院始建于1933年，1940年完工。建筑向南偏西，四周红墙环绕。三进院落，一进院为万字会办公楼，呈"回"字形，钢筋混凝土结构，为典型的罗马式建筑。二进院建筑为整个院落的主体，由山门、南北两厢、大殿组成一组四合寺观形仿古建筑群。其融合了中国传统建筑、罗马式建筑、阿拉伯建筑三种不同的建筑风格，在中国建筑史上是一特例。设计者刘诠根据万字会"五教合一"的宗旨，以三种建筑风格分别象征基督教，儒、道、佛教和伊斯兰教。

万字会遗址不仅具有历史的沉淀、文化的厚度，而且是一处极具游览价值的观光地。现作为青岛美术馆展览馆面向世人。美术馆展厅共分三组，由罗马展厅、大殿展厅、伊斯兰展厅组成。罗马展厅为一、二层，总面积为900平方米。以展览油画、水彩、水粉、摄影等美术作品为主。大厅为透明穹顶建筑，中间设观众休闲区域；大殿展厅面积288平方米，东、西厢展厅面积共262平方米，总面积为550平方米；伊斯兰展厅为上下两层，主要用于中国画展览。

万字会旧址

门票：20元。

开放时间：9：30—16：30。

交通导航：乘6路、26路公交至大学路站下即可。

第7章

人生惬意尽在此

第一海水浴场——三面环山景色秀丽的海水浴场

第一海水浴场又称汇泉海水浴场，拥有长580米，宽40余米的沙滩，曾是亚洲最大的海水浴场。

青岛市第一海水浴场位于市南区南海路23号，可同时容纳数万人游泳。浴场周围三面环山，绿树葱茏，现代的高层建筑与传统的别墅建筑巧妙地结合在一起，景色秀丽开阔。海湾内清波碧水，滩平坡缓，沙质细软舒适，是作为海水浴场的极佳之地。

在百年以前，这里是当地渔民泊船晒网的场所。德国侵占青岛后，这里被开辟为海水浴场，建造木制更衣室数十间，备有救护船和各种游戏设施。1904

第一海水浴场

年又在浴场后面修建了"斯脱兰饭店"以接待国外游客。此后，当局又陆续修建了舞厅、酒吧、饭店、音乐台、咖啡室等娱乐休憩场所。还在海上建造了浮台、跳台、码头，以后又完善了抢险、救生等设施，还把一些空地布置成了花园及儿童运动场，其设施之完备，环境之优越，居于青岛各浴场之首。著名作家郁达夫说："恐怕在东亚，没有一处海水浴场能赶得上青岛"。据说当时的德国当局还曾在中国香港、日本等地大做广告，遂使得第一海水浴场成为东亚有名的娱乐场所。到了盛夏，国内外游客来青岛避暑者甚多，仅1921年就达到了16791人次。然而到了20世纪40年代，由于日寇修筑工事和1949年台风的影响，使得第一海水浴场接连遭到严重破坏。为了适应旅游业飞速发展的需要，新中国成立后曾多次修建，使第一浴场焕然一新。新建的浴场，建筑面积达2万平方米，各种建筑设计新颖，造型别致，色泽鲜艳，布局比较合理。建筑造型有方、圆、六角、八角、斜屋面、折屋面等20种，分一层、二层、三层和假三层。同时竣工的配套工程有：场区道路五条计1 200多平方米；给排水管道2 300多米；路灯23盏；长20米、高4米的《奔向大海》大型釉下彩壁画一幅；喷泉雕塑一处。还新建了花架、花廊、空廊及饮食、卫生等公用设施。另外，对场区还进行了绿化，栽植了黑松、雪松、龙柏等树木和花卉、绿篱，并安置了铁栏杆700多米。

　　夏季，这里每天可接纳游泳者数十万人次，是避暑消夏的好去处。在此期间，浴场提供寄存物品、冲水、更衣、救生医疗等服务。

门票：免费。

开放时间：每年的7月1日—9月25日全天开放。

交通导航：乘坐6路、15路、26路、31路、214路、304路、311路、312路、316路、604路、605路公交车到海水浴场站下车即可。

极地海洋世界——海洋公园

推荐星级：★★★★

极地海洋世界是在原青岛海豚表演馆的基础上投资兴建的集吃、住、行、游、购、娱为一体，以海洋公园为主题的大型开放式旅游项目。

极地海洋世界位于青岛市崂山区东海东路60号，背靠青山，三面临海，占地约2.1万平方米，总建筑面积达14万平方米，是目前国内最大、拥有极地海洋动物品种最全、数量最多的场馆。

海洋动物馆的极地大厅内有36个展馆，其中极地海洋动物馆为核心部分，虽在室内，但并无局促之感，中间部分上下贯穿，可乘扶梯到达二楼。该馆主要展示南、北极海洋动物，可以在模拟极地环境中观赏到白鲸、海象、北极熊、企鹅等珍稀的极地动物，还可以欣赏这些大型海洋哺乳类动物的精彩表演。在模拟的极地环境中，冰雪溶洞、爱斯基摩人雪屋等极地景象随处可见。在海兽混养池，游客可以观赏珍稀的极地动物，并参加到拍照和喂食活动中去，十分有趣。

自从海豚"小黑"肩负着日本下关市人民对青岛人民的友好情意落户青岛海豚表演馆之后，她可是备受人们的关注和喜爱。青岛海豚馆创建的最初思路，就是为了给她一个温暖又舒适的家。而作为两国友好的形象大使，小黑可是一点也不含糊，不但样貌、脾气讨人喜欢，表演起拿手绝活来，更是技艺精湛。高难度的水中华尔兹、高空顶球、空中旋转跳，让您看得心潮澎湃。自从小黑1995年6月落户青岛之后，除了给大家带来无穷的快乐外，也给岛城立下了大功——2002年她生下了我国第一只人工饲养条件下自然繁殖的小海豚"扬扬"。如今的"小黑"在青岛极地海洋世界生活得非常自在，2006年9月，这位"高龄"妈妈又给青岛增添一个小海豚宝宝。更巧的是，2008年，在北京奥运会开幕那一天上午9点56分，这位"英雄母亲"又生下了一个"奥运宝宝"。这也是小黑自然生产下的第三只小海豚。

　　青岛极地海洋世界还于2009年10月16日引进了5只北极狼，这是山东省首次引进该物种。饲养员根据北极狼的习性为其配备特别的营养套餐，狼舍的居住环境除保持清洁外，还严格控制环境的温度与湿度，为北极狼打造一个舒适的生活环境。

　　在海兽混养池，游客们可以观赏到白鲸、海象、北极熊、海獭、海狗、企鹅等珍稀的极地动物，领略异域奇观。极地冰雪人文区神秘的爱斯基摩人、纯木制的极地雪橇、巧夺天工的北极雪屋，从不同角度展现了两极地区的风土人情和自然风貌。开放式的设计风格使游客可以深入其内，真实体验冰雪极地生活的美妙感觉。

　　海洋互动区馆内巧妙运用人工造景的技术手段，利用场馆的不同资源打造了国内唯一可以直接观赏海兽的海底隧道、海洋动物触摸池。人与动物互动，展现了人类对大自然的热爱和关怀。亲手触摸海洋中的生灵，使人与海洋动物成为更加亲密的朋友。海洋生物区分为十余个稀有海洋动物饲养池，其中展示了上千种珍稀海洋鱼类，数十条鲨鱼穿梭在遗失的亚特兰蒂斯海底城市，围戏在珊瑚群周围的小丑鱼、轻姿曼舞的大海龟，展现着海洋的深邃与浩瀚。

门票： 通票150元。

开放时间： 8：00—17：30。

交通导航： 乘104路、110路、125路、301路、304路、311路、321路、382路、403路、501路公交车在王家麦岛站下车（沿海江路南行至东海路即可见到青岛极地海洋世界）；乘11路、102路、317路、504路、都市观光1线路公交车在极地海洋世界站（原海豚馆站）下车；乘222路、225路、232路、316路在海游路站下车前行50米即到。

雨林谷动物大剧场——动物乐园

雨林谷是全天候景区，以亲和动物，保护环境为主题；以崂山灵气为依托；以恐龙造型为基调；以仿真手法拟木塑石造园。

雨林谷动物大剧场位于青岛市崂山区崂山路281号，拥有三大表演场。热带雨林馆、动物幼稚园轮番上演精彩的动物喜剧：黑熊拳击，狮虎献艺，孔雀飞翔，鹦鹉竞技，小动物杂耍。虎、猪、狗同居，威猛的东北虎在雨林中与人嬉戏。更拥有著名的驯兽师和一大批动物明星，号称全国动物驯养界的最佳阵容。这些明星动物大部分都参与过电视剧的拍摄，还上过春晚，真可谓各路动物"英豪"齐聚。在这里，不仅能看到它们的才艺展示，还能深入了解动物，带着小朋友的话，何妨寓教于乐呢？

进入剧场大门就能看到孔雀开屏的景象，这里的动物都经过了专业的训练，孔雀不但善于飞翔，也可以滑行。雨林谷东侧半山腰的百宝箱，就是孔雀表演的起飞点，上百只孔雀从天而降，绚丽的场面让游人叹为观止。可爱的小动物往往比庞然大物的猛兽更受欢迎，小猴子拟人化的表情，还有踩高跷、推车的绝活。这些还不算什么，那狼狗和香猪钻火圈，牧羊犬算数学题，山羊顶花瓶走钢丝，猴子在花瓶上做体操，像是一个杂耍剧团。

花园中心一泓碧水托起一个硕大的平台，美丽的鹦鹉亭亭玉立，各展华姿。别小看这群鹦鹉，滚球、套圈、走钢丝样样来，还能推车逛超市；不仅如此，钓鱼、升旗、拼图、变魔术，这些动物都有两下子；骑单车、秀高空车技、打保龄球真会让你瞠目结舌的。大型猛兽表演要到西山表演场了，这里是动物明星竞技场，主要动物明星有狮子、老虎、黑熊和猴子，它们将向您展示辛苦练就的绝技。首先出场的是黑熊。这里的黑熊，身躯看着非常笨拙，但是很多能耐咱人类都不具备呢。先来点简单的，直立行走，然后是障碍跑，路障层层叠高，接着是单杠大回环，吊环支撑，双杠等项目，看来这个熊兵团对体

雨林谷

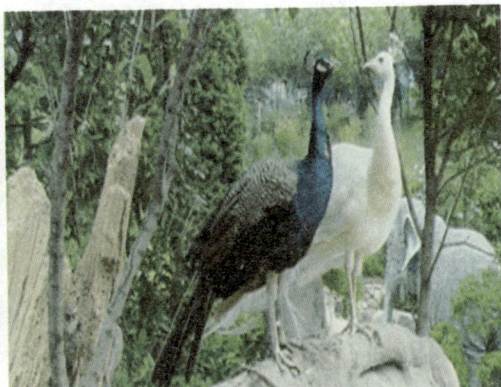
孔雀

操项目有异常偏爱；庞大的狗熊跳绳技能也不弱，不论是双跳、单跳、摇大绳，尽管放马过来；难度高的项目，比如骑单车、耍大叉都伤不了它；单车个个会，滑板呢？人家熊哥踩得可棒了，休息过后的熊大哥，还会带上拳击手套表演一场拳王争霸给大家看，最后会同猴弟弟一同将一套漂亮的高低杠表演奉献给各位观众。接下来上场的是猛兽之王的狮虎群了，除了列队行礼的例行动作之外，它们会集体登上彩球，一个滚球不算难，难在集体参与，互相不能干扰，这个难度非同一般呢；两只老虎钻进一只汽油桶打算做什么？双虎要较劲，看谁能控制筒滚动的方向；老虎扑食在这个圈养的园林中是看不到的，但是老虎钻火圈确确实实应用了这个动作的全部要领。

门票： 30元/人。

开放时间： 9：00—23：00。

交通导航： 乘坐104路、113路、301路、304路、630路、都市观光1路公交车到雨林谷站下车即可。

青岛国际高尔夫球场——贵族运动

推荐星级：★★★

青岛国际高尔夫球场占地100万平方米，有18洞72杆，洞长7 202米，是具有国际一流水平的标准场地。

　　青岛国际高尔夫球场位于青岛市崂山区松岭路118号。高尔夫球运动是一项十分有益于身心健康的高雅运动，球员从1号洞开始依次打完18洞即为一场，以最少的击球数打完18洞者成绩最佳。每次击球均需周密观察与思考，根据洞穴的距离和障碍，选择球杆和打法。然后依靠手、臂、腰、腿、脚等部位的协调配合击球，一旦击出好球之后，往往令人激动和振奋，因此高尔夫球吸引了大批爱好者，成为高层次旅游、体育活动项目。

　　青岛高尔夫球运动最早始于20世纪初，当时德国人在青岛观海山麓修建高尔夫球运动场，故观海山也曾叫作"抛球山"。　球场是经世界著名的高尔夫球场设计师——美国职业高尔夫球巨星——比利·加士帕先生和日本的田代四郎先生巧妙利用地势的自然起伏和天然障碍物进行精心设计，并由香港著名的职

青岛国际高尔夫球场

高尔夫会所

业高尔夫手黎伟成先生监督建造的。得天独厚的地理环境、高水平的设计和高质量的建设使球场足以与东南亚的最佳球场相媲美。

到了20世纪三四十年代，在浮山所西北、湛山东南侧也曾修建有18洞的高尔夫球场。此外，在汇泉跑马场也开展高尔夫球活动。新中国成立以后，高尔夫球运动渐趋冷落。改革开放以后，高尔夫球运动在我国又重新兴起。1984年，先后在广东、北京建成具有国际水平的高尔夫球场，并成立了相应的国际高尔夫球俱乐部。90年代国务院批准试办12处国家旅游度假区，将修建高尔夫球运动场作为其中的重要条件。青岛国际高尔夫球场就是在这种背景下兴建的。曾有韩国人专程乘坐飞机飘洋过海来此打球。

青岛高尔夫球场周围还建有会所，外观造型独特。会所功能、设施齐备，布局合理，设有咖啡吧、豪华客房、中餐厅、会议室等。客房部坐落于会所二楼，房间宽敞明亮，设施完备，周边景色宜人。透过房间的玻璃窗能俯瞰到球场全景，绿意盎然尽收眼底，是放松身心、驱除疲劳的理想场所。会议室容客量为30人，是小型会议入住的理想场所，投入使用至今已多次承接外事商务洽谈会、企业高级管理人员学习班及公司董事会等。中餐厅可提供丰富而又经济实惠、不同风格的食物和各种饮品，并设有高级的宫廷官府菜系、独特的绿色山禽珍味、时令小炒等，是高级宴请、高贵宾客聚会的最优选择。专卖店货品琳琅满目，拥有各大专业名牌球具及附件产品，客户可根据需求进行球杆维护及各种产品的预约定制。红酒吧格调幽雅，各种设施完备，特别适合举行小型派对、商务活动。多功能厅内设有中心舞台，大厅配有高品质音响、激光灯等设施，是举行各种商务活动、外事活动、大型宴会、婚宴的理想场所。

门票： 180元起。

开放时间： 6：00—21：00。

交通导航： 乘坐382路公交车到辽阳东路站下车即可。

国际啤酒城——青岛与世界干杯

推荐星级：★★★★

青岛国际啤酒城占地20万平方米，是一座集大型游乐设施、啤酒文化为一体的高档次游乐园，也是亚洲最大的国际啤酒都会、一年一度的青岛国际啤酒节的举办地。

啤酒城位于青岛市城阳区香港东路与海尔路交叉口，被称为亚洲最大的国际啤酒都会，共分为五大区域：青岛啤酒宫、中央舞台剧场、娱乐区、商贸区、行政办公区。

走进啤酒城大门，即可看见一座高大的标志性雕塑——溢满全球。此雕塑由一个大型高脚杯屹立于圆形的水池中央，高脚杯被做成了世界地图的图案，啤酒沫从杯中不断地溢出，上有青岛啤酒商标，寓意深刻。水池后面有一半月形石壁，上书"国际啤酒城"。夜幕降临，彩灯、喷泉、水柱交互辉映，无比绚丽。

啤酒城内有万人广场，是国际啤酒节永久性节庆活动场所。广场宽阔的草坪上，设有露天舞台和数千个座椅。由广场通向各区的道路全都以彩色大理石镶砌，广场南侧为啤酒宫区，两座大型建筑造型奇特。其中，可容纳5 000余

啤酒城

人的大型古堡式中心剧场是城内进行日常演出活动的场所，每年啤酒节期间的日常文艺演出都在此举行。舞台上，多彩的喷泉、激光水幕以及现场音乐的视听感受能给人们带来完美的享受。啤酒节期间，美食娱乐、饮酒大赛、时装表演等活动异彩纷呈，人流如潮。在首席食府内，啤酒厂家还专设微型啤酒生产线，游人在品尝生产线酿制的纯生啤酒时，还可观赏啤酒生产全过程。北侧的游园中广植名花奇树，并以雕塑点缀其中。东西两侧为啤酒博览区，来自国内外的名牌啤酒及美食荟萃于此，深得游人青睐。

位于国际啤酒城内的科研中心是目前国内啤酒行业唯一的国家级企业技术中心，具体负责青岛啤酒集团公司的科研开发、菌种管理、产品质量监督检验等工作。中心拥有从德国引进的国际一流的啤酒中试生产线、啤酒强制实验设备、蛋白质分析仪等大批分析检测仪器。

啤酒城每年八月都汇集世界各地的名牌啤酒，来自五湖四海的宾朋举杯畅饮，游客人头攒动，娱乐节目及活动精彩纷呈。尤其是啤酒节期间，这里更是万众瞩目的焦点，展现着国际化的休闲娱乐。

门票： 嘉年华通票1：180元/张；嘉年华通票2：170元/张；嘉年华亲子票：100元/张。

开放时间： 8：30—23：00。

交通导航： 乘坐104路、301路、304路、321路、382路、501路、623路公交车在海尔路站下车，也可乘102路、110路、125路、311路、313路、362路到香港东路下车，啤酒节期间还有专线车。

即墨温泉——医疗矿泉

即墨温泉原名汤泉，俗称汤上。即墨温泉矿泉水储量丰富，面积为6.5平方千米，是全国四大温泉之一。

即墨温泉位于即墨城东北25千米处，地处夏庄一灵山卫断裂带上。这里依山傍水，气候宜人，冬无严寒，夏无酷暑，年均温度12.1℃。

这里温泉泉眼很多，大者如拳，小者如豆。最高温度可达93℃，泉口水温88℃，水内含有氟、溴、锶等30多种微量元素，含盐量高，总矿化度为10.809克/升。东汉科学家张衡、明代名医李时珍均有利用温泉治病记载，温泉对治疗风湿性关节炎、腰腿痛等骨质性疾病有良好的辅助治疗作用。健康人沐浴，则能起到滋润皮肤，舒筋活络、祛风防病的保健作用。温泉在地热发电、蔬菜温室、水产养殖等方面也有利用。

温泉的神奇疗效早在汉时即为世人所知，"有疾疠兮，温泉泊兮"。从20世纪50年代起，即墨先后建起7处疗养院，其中以被列为青岛市八大旅游度假村之一的温泉旅游度假村规模最大，基础条件最好。传说中温泉是龙女泪珠所化，而今它不再是苦难与贫困的象征，即墨这片丰饶的土地正在焕发出新的活力。

门票：118元。

开放时间：8：30—10：30。

交通导航：从青岛乘公共汽车直达温泉，或与温泉度假村提前预约，联系接站。

第二海水浴场——不平凡的历史

青岛第二海水浴场因地处太平湾，又称"太平角海水浴场"。

青岛第二海水浴场的面积稍小于第一海水浴场，是与八大关别墅区相邻的一处沙滩浴场。

太平湾岸边是红褐色岩石，峭壁如刀削斧劈，岸上黑松遍植，湾畔曲径纵横，或伸向海滩，或穿行黑松林中。德占青岛之初，德国总督常骑马到此狩猎，下海游泳，后辟为海水浴场。中国政府收回青岛后定名为"第二海水浴场"。浴场东面的小凉棚，木栏、木柱、瓦顶，似有不合时代之拍的感觉。但就是这个十分普通的小凉棚，却有着不平凡的历史。中共中央政治局会议曾在这里召开。会前，毛主席来第二海水浴场游泳见这个凉棚宽敞，摆着藤桌、藤椅，面对大海，便决定会议在这座凉棚里举行。这座凉棚虽经多次维修，现在依然保持着原样。许多党和国家领导人及外国元首等，都曾在这畅游。

现在浴场只有在夏季才对外开放。宁武关路入口处将浴场分为东西两部分，采取封闭式管理，除夏季外，其他季节可自由出入。逢"吉日"，该沙滩常汇集上百对新婚夫妇摄像拍照，成为浴场一大景观。该浴场坡缓、沙软、浪小、水净，岸滩面积大，许多国际友人常在此日光浴。浴场西部海滩多鹅卵石，千姿百态，吸引众多游人前来采拾。

第二海水浴场

门票： 夏季入场2元，更衣冲澡10元。

开放时间： 全天。

交通导航： 乘坐6路、26路、31路、206路、223路、304路、311路、312路、316路、317路、321路、501路、604路、801路、802路车武胜关路站下车；乘214路、219路东海国际大厦下车，然后步行前往。

第 8 章

食色青岛，美滋美味

油爆海螺——盘中明珠

"油爆海螺"是明清年间流行于登州、福山的传统海味菜肴。此菜色泽洁白，质地脆嫩，芡包料，油包芡，烈油爆汁，食后盘内无汤汁，只有一些油。

海螺是青岛的深水特产，螺贝壳边缘轮廓略呈四方形，大而坚厚，壳高达10厘米左右，螺层6级，壳口内为杏红色，有珍珠光泽。最大可达18厘米，平均大小7至10厘米。因品种差异海螺肉可呈白色至黄色不等。海螺壳大而坚厚，呈灰黄色或褐色，壳面粗糙，具有排列整齐而平的螺肋和细沟，壳口宽大，壳内面光滑呈红色或灰黄色。

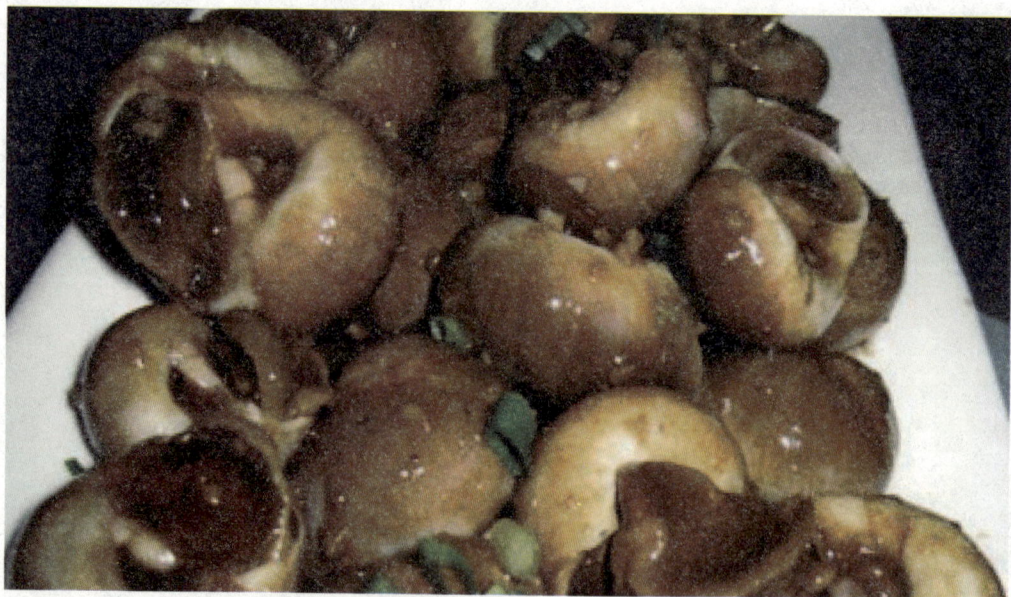
油爆海螺

"油爆海螺"是在山东传统名菜油爆双脆、油爆肚仁的基础上沿续而来的。相传此菜始于清代中期，为了满足当地达官贵人的需要，山东济南地区的厨师以猪肚尖和鸡胗片为原料，经刀工精心操作，沸油爆炒，使原来必须久煮的肚头和胗片快速成熟，口感脆嫩滑润，清鲜爽口。清代著名文人袁枚对"油爆双脆"给予了极高评价，他在《随园食单》中是这样说的："将猪肚洗净，取极厚处，去上下皮，单用中心，切骰子块，滚油爆炒，加佐料起锅，以极脆为佳。此北人法也。"该菜问世不久，就闻名于市。到了清代中末期，此菜传至东北、江苏和北京等地，成为中外闻名的山东名菜。而青岛因盛产海螺，人们便根据油爆双脆的做法以海螺为原材料进行烹饪，并取名"油爆海螺"。此菜果然不负众望，创出之日便一鸣惊人，吸引了众多的达官贵人先品为快，并迅速在青岛各大菜馆流行起来，受到人们的喜爱。

海螺肉质鲜嫩，细腻可口。以本地红岛浅海的黑皮大海螺为主料，做成的油爆海螺鲜而不腻，嫩滑酥软，素有"盘中明珠"的美誉。它富含蛋白蛋、维生素和人体必需的氨基酸和微量元素，是典型的高蛋白、低脂肪、高钙质的天然动物性保健食品。

肉末海参——补益佳品

肉末海参，青岛十大菜品之一。此菜在海参的"鲜"里面添"香"，让鲜香结合，烹制出的海参红润光亮，口感柔韧香鲜，汁液味美适口。

　　"海参"，又被称之为"海人参"，因补益作用类似人参而得名，被列为"八珍"之一，是一种典型的低脂肪、低胆固醇、高蛋白的食物。其中所含的尼克酸、牛磺酸等，具有快速消除疲劳、预防皮肤老化、调节神经系统的功效。另外，海参中含有的牛磺酸、赖氨酸、蛋氨酸等在植物性食品中几乎没有。刺参中含有的硫酸软骨素和刺参黏多糖，通过药理实验证明，它对人体的生长发育、抗炎成骨和预防组织老化，促进伤口愈合、抑制数种癌细胞生长都有特殊功效，适宜老年人、儿童以及体质虚弱的人食用。

肉末海参

肉末海参是中国菜中的名贵佳肴，更是青岛的代表菜之一。早在三国时期，吴国沈莹著的《临海水土异物志》中，就有吃海参的记载："土肉，正黑，如小儿臂大，长五寸，中有腹，无口目，有三十足。炙食。"由于那时没有掌握烹调技术，只用火烤——"炙"，不能领略其美味，所以给它取了个很贱的名称——"土肉"。到了明代，海参的营养价值逐渐被人们所识，被认为是一种名贵的滋补品。《五杂俎》说："海参甘温、无毒，能补胃，生脉血，治休息痢和治溃疡生蛆等。"清乾隆年间之《本草从新》也说，海参有"补肾益精，壮阳疗痿"的功效。现今世界上朝鲜、日本以及欧美许多国家都爱食海参，考其源流，都是从我国传出去的。据统计，全世界有海参600余种，我国有58种。太平洋的海参可供食用的约30种，其中我国有20种之多，以河北、辽宁、山东沿海所产的刺参为上品。

好海参发好后不是那种"虚肿烂胖"过于"肥嘟嘟"的，而是肉厚且筋道，吃到嘴里感觉都要跳出来那样，这样再配以五花肉加以烹饪，既有肉末的香味又保持了海参的鲜味，香鲜俱佳。

原壳鲍鱼——海味之冠

原壳鲍鱼，著名鲁菜代表之一。其肉质细嫩，味道鲜美，烹饪后保持原形，别具一格，具有很高的营养价值。

鲍鱼是海洋中的单壳软体动物，只有半面外壳，壳坚厚，扁而宽，形状有些像人的耳朵，所以也叫它"海耳"。螺旋部只留有痕迹，占全壳的极小部分。壳的边缘有9个孔，海水从这里流进、排出，连鲍的呼吸、排泄和生育也得依靠它，所以它又叫"9孔螺"。鲍壳表面粗糙，有黑褐色斑块，内面呈现青、绿、红、蓝等色交相辉映的珍珠光泽。鲜鲍经去壳、盐渍一段时间，然后煮熟，除去内脏，可晒干成干品。它肉质鲜美，营养丰富。"鲍、参、翅、肚"，都是珍贵的海味，而鲍鱼列在海参、鱼翅、鱼肚之首。鲍壳是著名的中药材石决明，古书上又叫它千里光，有明目的功效，因此得名。它们的足迹遍及太平洋、大西洋和印度洋。我国渤海海湾产的叫皱纹盘鲍，个体较大；东南沿海产的叫杂色鲍，个体较小；西沙群岛产的半纹鲍、羊鲍，是著名的食用鲍。

原壳鲍鱼，青岛十大代表菜之一，是以名贵鲍鱼为原料，带壳熟制而成。这道菜的烹制过程保持了鲍鱼本身的鲜美味道，品尝此菜品时，最好用刀叉，一来方便剥鲍鱼壳，二来可以细细享受其中的精妙。

欧洲人在很久以前就把鲍鱼搬上了餐桌，它被誉为"餐桌上的软黄金"。中国在清朝时期，宫廷中就有所谓"全鲍宴"。据资料介绍，当时沿海各地大官朝圣时，大都进贡干鲍鱼为礼物，一品官吏进贡一头鲍，七品官吏进贡七头鲍，以此类推，鲍鱼与官吏品位的高低挂钩。中医称鲍鱼功效可平肝潜阳，解热明目，止渴通淋；主治肝热上逆、头晕目眩、骨蒸劳热、青盲内障和高血压眼底出血等症。

黄鱼炖豆腐——滋补美容

黄鱼炖豆腐是益气、补虚的佳品，其鱼肉鲜嫩、细腻，色白汤浓，味道鲜美，风味独特。

黄鱼，学名"石首鱼"，又名黄花鱼。公元前505年，在中国东海已经有捕捞活动。它是海鱼中较普通的鱼种，有大小黄鱼之分。大黄鱼肉肥厚但略嫌粗老，小黄鱼肉嫩味鲜但刺稍多。饭馆所用的以大黄鱼为多。海鱼离水便死，不像江河湖塘中的鱼可以吃到活的，所以海鱼务求新鲜。黄鱼含有丰富的蛋白质、微量元素和维生素，对人体有很好的补益作用，对体质虚弱和中老年人来说，食用黄鱼会收到很好的食疗效果。黄鱼含有丰富的微量元素硒，能清除人体代谢产生的自由基，延缓衰老，并对各种癌症有防治功效。

豆腐存在的历史悠久，相传豆腐是在公元前164年，淮南王刘安在八公山上烧药炼丹的时候，偶然以石膏点豆汁，从而发明豆腐。但是袁翰青却以为五代才有豆腐。日本学者筱田统根据五代陶谷所著《清异录》"为青阳丞，洁己勤民，肉味不给，日市豆腐数个"，认为豆腐起源于唐朝末期。豆腐让人体对大豆蛋白的吸收和利用变得更加容易，因此被制作出品类繁多的菜肴，以适应不同地区人们的口味和喜好。时至今日，已有2 000多年历史的豆腐，更是以其低脂肪、高蛋白，具降血脂、降血压、降胆固醇的功效，深受世界人民的喜爱。

黄鱼炖豆腐是青岛十大代表菜之一，鱼肉和豆腐都含有优质蛋白，而且豆腐的原材料大豆中含有天然植物雌激素，对女性大有好处。其汤有美白、养血丰胸等功效，尤其是对一些肾阴不足、阴血亏虚所致的乳房发育不良的人来说效果比较显著，是一道滋补佳品。

大虾烧白菜——味道纯美

大虾烧白菜是一道非常有青岛特色的菜，此菜荤素搭配，口味鲜美，尤其是白菜吸收了虾的汤汁，别具风味。

　　大虾属节肢动物甲壳类，种类很多。包括对虾、明虾、河虾、基围虾、琵琶虾、青虾、草虾、小龙虾、龙虾等。其中对虾是我国特产，因个大常成对出售而得名。对虾生活在暖水层，夏秋两季能够在渤海湾生活和繁殖，冬季虾要长途迁移到黄海南部海底水温较高的水域去避寒。胶东半岛海岸线长，海味珍馐众多，对虾就是其中之一。据郝懿行《记海错》中记载，渤海"海中有虾，长尺许，大如小儿臂，渔者网得之，两两而合，日干或腌渍，货之谓对虾"。小虾长成大虾身体结构要发生很多变化，期间要经过20多次蜕皮。雄虾当年成熟，雌虾要到第二年才成熟。虾有两倍于身体长的细长触须，用来感知周围的水体情况，胸部强大的肌肉有利于长途洄游。腹部的尾扇可用来控制身体的平衡，也可以反弹后退。虾的营养丰富，且其肉质松软，易消化，对身体虚弱以及病后需要调养的人是极好的食物。虾中含有丰富的镁，镁对心脏活动具有重要的调节作用，能很好地保护心血管系统，可减少血液中胆固醇的含量，防止动脉硬化，同时还能扩张冠状动脉，有利于预防高血压及心肌梗死。

　　大虾烧白菜是青岛的特色菜。青岛盛产海鲜，胶东的大白菜也非常出名，聪明的青岛人把两者结合在一起，创造出了一道鲜美无比的佳肴。虾的通乳作用较强，并且富含磷、钙，对小儿、孕妇尤有补益功效。白菜中铁、钾、维生素A的含量也比较丰富。

酸辣鱼丸——青岛十大代表菜之一

酸辣鱼丸属于鲁菜，青岛十大代表菜之一，汤鲜味浓，口感极佳。

　　酸辣鱼丸是胶东沿海特色菜肴之一。鱼丸一般用新鲜牙片鱼肉和鲅鱼肉制成，配以酸辣浓汤，既保证了原汤的清香，又保持了鱼丸本身的鲜味。鱼丸有弹性，鲜味浓厚，汤酸辣开胃，口感极佳。而鱼肉本身就具有极高的营养价值，有利于人体的矿物质保持平衡。鱼肉以天然的方式供给人体硒、碘和氟。鲅鱼所含的硒最多，河鱼则要少一半。每天吃100克的鱼肉，就能满足人体每天对碘的需求，从而预防甲状腺疾病。镁也是人体所不可缺少的微量元素。当人体内的镁不足时，就会感到抑郁。这时可以通过吃鱼肉来弥补镁的不足，达到改善心情的目的。对于学生来说，多吃鱼肉能促进大脑活动，知识学得快，记得牢。

　　据说鱼丸的来历，跟秦始皇有关。稗史记载，秦始皇喜欢吃鱼，他统一全国做了皇帝后，每餐必须要有鱼，但又不能有刺，如有鱼刺则会赐死厨师，因此很多厨师为此丧命。而烧鱼肉汤，又怕有诅咒秦始皇"粉身碎骨"之嫌，为秦始皇做饭的厨师急得焦头烂额。某厨师为了发泄，有一天做鱼时，就用菜刀背砸鱼，一下两下，砸着砸着，他惊奇地发现，鱼刺鱼骨竟自动露了出来，鱼肉就这样被剁成了鱼茸。正在这时，宫中传膳了，厨师急中生智，拣出鱼刺，顺手将鱼茸捏成丸子，不假思索就投入已烧沸的汤中，汆成了丸子。不一会儿，一个个色泽洁白，柔软晶莹，尝之鲜嫩的鱼丸浮于汤面上，并呈到了秦始皇面前。始皇一尝，极为称赞，下令给予奖赏。后来，这种做法从宫廷渐渐传到民间，称为"汆鱼丸"。

崂山菇炖鸡——岛城名吃

崂山菇炖鸡，是青岛代表菜之一，选用本地一年内的小公鸡，用高汤炖制而成，是很多游客来崂山的必选之菜。

　　由于崂山地区特殊的气候、水质条件，使崂山松菇具备了入口松软、爽滑等品质。它风味独特，算得上是菌类上品，尤以七八月份的松菇品质最佳。它又名松蕈、鸡丝菌、松口蘑等，日本国称其为松茸，是名贵的野生食用菌。松口蘑不但风味极佳、香味诱人，而且是营养丰富的食用菌，有"食用菌之王"的美称，不亚于猴头、灵芝，欧美尤视之为珍品。鸡肉富含维生素C、维生素E等，蛋白质的含量比较高，而且消化率高，很容易被人体吸收利用，有增强体力、强壮身体的作用。另外，鸡肉还含有对人体生长发育起重要作用的磷脂类，是中国人膳食结构中脂肪和磷脂的重要来源之一。鸡肉对营养不良、畏寒怕冷、乏力疲劳、月经不调、贫血、虚弱等有很好的食疗作用。医学认为，鸡肉有温中益气、补虚填精、健脾胃、活血脉、强筋骨的功效。

　　青岛崂山农家宴名吃之崂山菇炖鸡，是青岛十大代表菜之一，选用了本地一年内的小公鸡，用高汤炖制而成。崂山菇保持了天然的爽滑味道，十分可口。仔鸡在烧制过程中需用慢火炖很长时间，才能烧出味道鲜浓的汤并保持仔鸡鲜嫩的口感。这道菜是很多海内外来崂山旅游者必选之菜。

　　制作崂山菇炖鸡的功夫就在炖的过程中，崂山菇加早了，容易化掉；放得晚了，不容易入味。

炸蛎黄——细肌肤，美容颜

炸砺黄属于鲁菜，其菜色泽金黄，外焦酥芳香，肉鲜嫩多汁，味道极佳。

牡蛎，属牡蛎科或燕蛤科，双壳类软体动物，公元前即已养殖以供食用。牡蛎的两壳形状不同，表面粗糙，暗灰色；上壳中部隆起；下壳颇扁，边缘较光滑；两壳的内面均白色光滑。两壳于较窄的一端以一条有弹性的韧带相连。壳的中部有强大的闭壳肌，用以对抗韧带的拉力。壳微张时，借纤毛波浪状运动将水流引入壳内，滤食微小生物。宋代苏颂曰："今海旁皆有之，而通、泰及南海、闽中尤多。皆附石而生，魂礌相连如房，呼为蛎房。晋安人呼为蠔莆。初生止如拳石，四面渐长，有至一二丈者，崭岩如山，俗呼蠔山。每一房内有肉一块，大房如马蹄，小者如人指面。每潮来，诸房皆开，有小虫入，则合之以充腹。海人取者，皆凿房以烈火逼之，挑取其肉当食品，其味美好，更有益也。海族为最贵。"

牡蛎有良好的食疗效果。中医认为牡蛎甘平无毒，可解五脏之毒，调中益气养血以解丹毒，醒酒止渴活血充饥，常食还有润肤养颜养容功能。《本草纲目》记载：牡蛎肉"多食之，能细洁皮肤，补肾壮阳，并能治虚，解丹毒。"现代医学还认为牡蛎具有"细肌肤，美容颜"及降血压和滋阴养血、健身壮体等多种作用，因而被视为美味海珍和健美强身食物。

青岛十大代表菜之一的炸砺黄就是以牡蛎为原料制作而成的。它选取了7—8月份肉肥色青的牡蛎，并以挂糊保留牡蛎的鲜味，进行炸食。炸蛎黄色泽金黄，外焦里嫩，油而不腻，香酥可口，是当地的一大美味。炸蛎黄价格按照牡蛎的时价，一般20元左右一盘。

家常烧牙鱼——现代人的饮食观念

青岛十大代表菜之家常烧牙片鱼，选用新鲜的大比目鱼为原料，慢火入味，鲜浓美味。

　　"牙片鱼"本名叫阿拉斯加大比目鱼，属硬骨鱼纲鲽形目。"牙片"的叫法，是从"牙鲆"鱼演变而来的。在很多地方，眼睛长在左侧的比目鱼叫"牙鲆"鱼，经过渔民南腔北调地交易就形成了这种称呼。胶东半岛叫"牙片鱼"，而四川和广州一带，则称作"鸦片鱼"，俗名应叫"雅片鱼"，其胶质颇为丰富，味甘，性平，无毒；能补虚益气，肉质鲜美，含油脂量较高，特别是鳍边和皮下含有丰富的胶质，口感也不错，为许多食客所推崇。

　　牙片鱼最好用海捕的，1 500克以上的牙片鱼大多是野生。由于大的牙片鱼吃的东西多，长得比较慢，成本太高，养殖户再养下去会得不偿失，一般会在1千克左右就卖出去了。

　　青岛做牙片鱼的方法采用了家常烧代替红烧，主要因为家常烧的做法时间长、慢火入味、鱼肉嫩，不勾芡，更适合现代人的饮食观念。记住做鱼前先按照鱼的大小，每面划4刀左右，便于入味。烧鱼时不要用火太猛，要不停地转动锅防止糊锅，保证菜品质。调料要加糖和醋以除掉鱼的腥味，但不要放得太多，以免出现甜味和酸味。按照老鲁菜的传统，出锅上盘时应该颜色深的一面向上，这是传统。

香酥鸡——酥而软嫩，香而不腻

香酥鸡，青岛十大代表菜之一，选用肥嫩的仔公鸡，采用先蒸后炸的烹调方法制作而成。成菜具有色泽金黄、鸡皮酥香、鸡肉细嫩、鲜美可口等特点。

鸡是人类饲养最普遍的家禽。家鸡源出于野生的原鸡，其驯化历史至少约4 000年，但直到1 800年前后鸡肉才成为大量生产的商品。选购鸡时要注意观察鸡肉的外观、颜色以及质感。一般来说，新鲜卫生的鸡肉颜色会是白里透着红，看起来有亮度，手感比较光滑。鸡肉注过水，肉质会显得特别有弹性，仔细看，会发现皮上有红色针点，针眼周围呈乌黑色；用手去摸，会感觉表面有些高低不平，似长有肿块一样。

香酥鸡

　　香酥鸡是山东传统风味菜肴。此菜选用仔公鸡，以高汤蒸熟，火候足到，入油再炸，焦酥异常，其色红润，肉烂味美，是佐酒之佳肴。相传，北宋年间，乞丐洪七，独创叫花鸡，后人经过改良，将鸡过油炸，遂成为今日的香酥鸡。

　　要达到香酥鸡应有的风味特色，必须掌握好烹调中的每一个环节。否则有可能会出现色泽不亮、鸡皮干硬、鸡肉质老等问题。仔公鸡宰杀后除净毛，在鸡腹部横开一小口掏出内脏，洗净，放在砧板上，用刀背将鸡翅骨、鸡大腿骨砸断，不能破皮，然后用手错开下腿骨，再用剪刀从开膛处伸进鸡肋骨的两侧，扭断胸骨，并用力将鸡胸部压扁，处理完后将鸡纳盆，用精盐、酱油、黄酒、白糖、胡椒粉、丁香、花椒、白芷、豆蔻、陈皮等调好的味料，使劲用双手反复地在鸡身内外搓擦至入味，然后将料渣和香葱、姜块等塞进鸡腹内，腌渍约 3 小时。将腌渍好的鸡装入一蒸盘内，上笼用旺火蒸约 2 小时，至鸡大腿骨节处呈现黄色时，取出，趁热抹匀米酒，晾干备用。净锅置旺火上，倒入精炼油烧至七成热时，放入晾干的仔公鸡，炸至色黄皮酥时捞出，改刀后按鸡形摆入盘中，淋上 5 克麻油，随甜面酱和麻油调成的味碟上桌，即成。

第 9 章

一路追随岛城的气息

青岛啤酒——畅饮行天下

推荐星级：★ ★ ★

青岛啤酒原麦汁浓度为12度，酒精含量3.5%～4%。酒液清澈透明、呈淡黄色，泡沫清白、细腻而持久。

青岛啤酒产自青岛啤酒股份有限公司，公司制定了严格的高于国家标准的内部质量控制标准，从原料进厂到半成品加工直至成品出厂，须经过系统、严格的质量检测。选用优质大米、大麦、上等啤酒花和软硬适度、洁净甘美的崂山矿泉水为原料酿制，采用现代一罐法酿造工艺和独到的低温长时间后熟技术，历经30多天精心酿制而成，是世界第六大啤酒产品。通过国内领先的啤酒保鲜技术，保证啤酒口味的新鲜。它成功的原因在于独特的酿造工艺和严格的工艺管理，在继承传统酿造工艺的基础上，通过不断地技术改进，使青岛啤酒的酿制工艺已日臻完善，而独特的后熟工艺和优良的酵母菌种更使其锦上添花，保证了产品质量的优异和稳定。

青岛啤酒厂始建于1903年（清光绪二十九年）。当时青岛被德国占领，英德商人为适应占领军和侨民的需要开办了啤酒厂。企业名称为"日尔曼啤酒公司青岛股份公司"。建厂初期的年生产能力是200万千克，生产设备和原料全部来自德国，产品品种有淡色啤酒和黑啤酒。据日本田原之次郎所著《胶州湾》一书记载："日尔曼啤酒公司青岛股份公司生产的啤酒1906年在慕尼黑博览会上展出，获得金牌奖。"1914年第一次世界大战爆发以后，日本乘机侵占青岛。1916年9月16日，日本国东京都的"大日本麦酒株式会社"将青岛啤酒厂购买下来，更名为"大日本麦酒株式会社青岛工场"，于当年12月正式开工生产。日本人对工厂进行了较大规模的改造和扩建。1939年建立了制麦车间，曾试用山东大麦酿制啤酒，效果良好。大米使用中国产以及西贡产；酒花使用捷克产。第二次世界大战爆发后，由于外汇管制，啤酒花进口发生困难，曾在厂院内设"忽布园"进行试种。1945年抗日战争胜利，当年10月工厂被国民党政府军政部查封；旋即由青岛市政府当局派员接管，工厂更名为"青岛啤酒公司"。1947年6月14日，"齐鲁企业股份有限公司"从行政院山东青岛区敌伪产业处理局将工厂购买，定名为"青岛啤酒厂"。

啤酒厂主要生产淡色啤酒，但也曾生产过黑啤酒。后来由于啤酒出口量扩大，酿造能力有限，故在1972年即停止了黑啤酒的生产，将青岛黑啤酒的技术工艺及有关设备，转移到其他厂生产，使用青岛牌商标。1978年，青岛啤酒首次进入美国市场，由美国的莫纳克公司作为青岛啤酒的总代理。当年销量为2万箱。此后，在有几十种国外啤酒激烈竞争的美国市场上，青岛啤酒以其较高的品质、独特的风味加之美国代理的大力促销宣传，终于巩固了在美国的销售市场，并在美国50个州建立了强大销售网络，进入了中国餐馆和国外开办的连锁饭店及超级市场。

高粱饴——甘美爽口的软糖

青岛高粱饴是青岛的知名特产。其组织细腻，柔软可口，味道独特，深受消费者的喜爱。

　　高粱饴是青岛传统的名牌软糖，采用淀粉、砂糖、有机酸加水等熬制而成，以"弹、韧、柔"三性兼备而著称。系列产品有珍珠饴、阿胶饴、草莓饴和山楂饴等，不同风味、各具特色。

　　生产时，先用水把淀粉调成乳状，把砂糖加热溶化，再把淀粉乳和糖液混合在一起进行糊化，然后加入适量有机酸，经加热、搅拌、熬制、成型后，即可做出高粱饴了。高粱饴在长时间熬制过程中，会产生许多有益于人体的低聚糖、糊精、单糖等碳水化合物和消化酶等物质。这些物质不但有一定的营养价值，而且还对胃溃疡、十二指肠球部溃疡等疾病有一定疗效。

　　最为著名的当为佛桃牌高粱饴。它始创于原青岛糖果冷食品总厂，距今已有50多年的历史。佛桃牌高粱饴在继承传统工艺的基础上不断创新，于1990年推出了果味高粱饴、海味高粱饴等新品。近几年来，又创制了许多新的花色品种，如具有玫瑰味的玫瑰饴，具有清凉解渴生津特点的薄荷饴，止咳贝羚饴和羚翘感冒饴则对预防、治疗咳嗽和伤风感冒有一定的作用。其组织细腻，柔软可口，味道独特，富有弹性和韧性。吃起来不黏牙，甘味爽口，老少皆宜。

崂山绿石——海底美玉

崂山绿石又名崂山绿玉，俗称海底玉，旧称劳山石，其色彩绚丽，以绿色为基调，有翠绿、灰绿、墨绿，以翠绿为上品，石质一般较为坚硬、细密，加工后既圆又润。

崂山绿石产于山东省青岛崂山东麓仰口湾畔，是海底岩浆喷出后，在特定环境下沉积生成的，佳者多蕴藏于海滨潮间带。绿石的色泽静穆古雅，深沉谧静，多数石头上有自然图案，内含金鳞似的云母和五彩斑斓的长石微粒。有的采集后稍加修饰即可供观赏，有自然造型者甚少。对绿石主要观赏其色彩、结晶和纹理，可陈设于厅堂、几案，也可制作盆景。从崂山绿石中选取的黑色海底玉，还可以加工成戒指、耳环、手镯等首饰，佩戴身上清凉怡人，安神醒脑，是女士青睐的工艺佳品。

绿石按其产出形态主要分两种：以翠面为主要特征的图纹石，亦称"板子石"，供欣赏的是平展翠面所呈现之精彩图案；以石、翠混杂纠结成块为主要特征的造型石，亦称"镶嵌石"，所展示的是立体的山川景观或各种抽象形态。崂山绿石按矿脉走向可分为水石和旱石：水石承受亿万年海水冲击浸透，光莹油润，适合雕琢的多为水石；旱石则经风蚀日剥，虽粗疏单调却尽显古朴，未曾雕琢的表面呈现潮水般纹理，如水墨山水画，极具苍茫悠远之意。

崂山绿石的开采和欣赏已经有千年悠久的历史。在宋代，文献中已有崂山出绿石的记载；在元代，用崂山绿石制作的"墨砚"曾名扬天下；在明代，文人雅士竞相收藏把玩崂山绿石，《崂山志》中称"邑多好之"；至清代，崂山绿石成为贡品，据《即墨县志》载，即墨参将白壁以两尊崂山绿石献贡，龙颜大悦。古往今来，崂山绿石佳品迭出，其中以"六雁屏""山高月小""老叟观瀑""高山积雪"最为罕见、名贵、奇特和精雅，并称四大崂山绿石。

    选购崂山绿石，首先要看色彩的变化。崂山绿石以绿色为基调，但又不是单一的绿色，色深者墨绿浓黑，色浅者粉绿微蓝，再加上黄 、白、赭等色块条纹，变化无穷；其次要看结晶的变化。绝大多数崂山绿石为层状结晶，不同色彩浓淡交错，其斜面断层常呈现出多种多样的曲线纹彩，异常美丽。也有的在透明的绿石中杂有云母结晶，呈现出众多闪烁发光的金星颗粒。再次要看石质的变化。崂山绿石的矿物组成主要是绿泥石。如果用显微镜切片放大观察，可以看到多种美丽的结晶，略经琢磨，即可出现玉石的光泽。在石质方面的选择，应以细密坚实、晶莹润泽为上品。最后要看形体的变化。崂山绿石的形体不像太湖石那样皴皱、洞穴通体相连，不可能要求其皴、透，但仍要求其艺韵之秀，体形之瘦，气势之雄，风度之"自然典雅"。

    青岛现建有崂山绿石博物馆，展出众多绿石佳品，可参观欣赏也可选购。如今，崂山绿石已成为人们竞相集藏的珍品，到青岛旅游的人们大都以购得崂山绿石为乐事。

崂山绿茶——南茶北嫁

崂山绿茶是"南茶北嫁"的产物，具有叶片厚、豌豆香、滋味浓、耐冲泡等特点，其色、香、味、韵、型俱佳。

　　崂山绿茶原产于青岛崂山，是南方茶树"南茶北引"的成果，以绿茶为主，兼有少量乌龙茶、红茶、花茶。崂山是中国种植茶叶的最北界，生产周期长，鲜茶叶叶面厚实，所以茶叶所含营养成分丰富。茶叶本身有一种天然的、独特的豌豆面香味或山栗子面的香气，是六大保健食品之一。

　　20世纪50年代，有人提出"南茶北引"的设想，认为崂山三面临海，气候温和湿润，水质优良，又有适宜茶树生长的酸性土壤。1957年冬，园林管理处开始茶苗移植试验，引种的绝大多数是皖南、浙江的良种。首选地方是素有"小江南"之称的太清宫林区，第一次从黄山运来两年生茶苗5 000株，由于信心不足，加之茶苗启运时间不当，根部损伤较重，第二年春天培植完全失败，无一成活。1958年又试行育苗驯化，由杭州引种，在中山公园太平山南麓的空旷地带试种，出苗率达一半以上。1959年，从南方远道而来的"客人"落户

崂山绿茶

在太清宫小广场前。当时播种了5万多丛，种植了约2.7万平方米，但由于长期缺乏管理，十只存一。又经过一两年的精心管理和培育，终于引种成功。不久前，在上清宫附近海拔300米的一块坡地上，有人发现了1962年种植的27丛茶树，期间没有人管理，但茶苗竟安全越冬，可见崂山适宜茶树生长。入乡容易随俗难，"南茶北引"成功了，但产地有限，产量很低，在社会上几乎没有影响。20世纪80年代中后期到90年代初，茶叶种植有所发展，但是种植技术很不普及，特别是制茶技术只有几个人掌握，上市数量非常有限。由于大环境不成熟，加之当时人们的生活水平较低，到90年代初期崂山茶种植面积也就67万平方米左右。90年代中后期农民打破传统的种植结构，改粮为茶，崂山茶"反客为主"，获得了大发展。由此南茶"北嫁"入崂山，并幸福地生活着。

崂山绿茶含有的咖啡碱、维生素C、茶多酚、芳香物、脂多糖等，能增强人体心肌活动和血管的弹性，抑制动脉硬化，减少高血压和冠心病的发病率，增强免疫力，从而抗衰老，使人获得长寿。

崂山拳头菜——山菜之王

拳头菜又叫蕨菜、蕨台、龙头菜等。是一种久负盛名的山菜，野生多年生草本植物，含有人体所需的丰富的维生素，可入药，具有一定的防癌作用。

　　青岛拳头菜，属蕨类，凤尾蕨科的一种，多年生草本。《本草纲目》载："蕨，处处山中有之，二三月生，蜷曲如小儿拳，长则尾开如凤尾，高三四尺。"叶片呈阔三角形或矩圆三角形。整个叶片初发时呈草绿色，逐渐变为深绿，采来晒干后呈褐色。根状茎蔓生土中，有棕色细毛，茎含淀粉，叫蕨粉，可供食用或酿造。拳头菜多生在向阳的半山坡地带，大多分布在海拔300米以上阳光充足、土层较厚的地方。因为它属于孢子传播，常常呈群状分布。崂山拳头菜多散生在巨峰之南及王哥庄一带山地，喜棕壤性潮湿地，产量较少，山区居民常于春末夏初采集。

　　每年4月下旬，幼芽开始出土。幼嫩的叶芽尚未完全展开前大都集中在叶柄的顶端，蜷曲的叶片很似一只只握住的小拳头，因而得名"拳头菜"。5月中下旬，拳头菜幼叶长出5～7片时，即可采割，鲜、干食均宜。可生吃，但不可多吃，野菜含亚硝酸盐较多，吃前用开水抄一下为好。食用干品时，先用温水洗净浮土，再用开水浸泡4—5小时，待干菜完全泡透后，切段炒食。用拳头菜炖鸡、炒肉，味道十分鲜美，是崂山独特的美味。拳头菜富韧性，不腻、不脆、不软，香味特殊，胜过山菇、竹笋，实为稀有之山珍。

　　拳头菜有很高的营养价值，据《本草纲目》记载，蕨菜"甘清无毒，去暴热、利水道、令人睡。补五脏不足"。有一定滋补作用，根茎可入药，可解毒利尿，具有清热、滑肠、降气、祛风、化痰等功效，可治食膈、气膈、肠风、热毒症。

拳头菜

胶州大白菜——菜中之王

推荐星级：★★★

胶州大白菜，俗称"胶白"，是山东省的著名特产之一。白菜以汁白、味鲜甜、纤维少、营养丰富、产量高等特点而驰名中外，富含多种维生素和氨基酸，并有耐储存等特点。

　　大白菜，古称菘，"秋末晚菘"被古人誉为美味。十字花科的大白菜是两年生植物。叶生于短缩茎上，叶片薄而大多数有毛，分为外叶和内叶，椭圆或长圆形，浓绿或淡绿色，心叶白、绿白或淡黄色。叶柄宽扁，两侧有明显的叶翼。叶球扁圆形到长筒形。总状花序，花黄色。长角果，种子近圆形，红褐色或黄褐色。大白菜又叫结球白菜、黄芽菜或包心白，原产我国，是中国最具代表性的特产蔬菜之一。因其味道鲜美、营养丰富、价格便宜、四时有售，故有"菜中之王"的美誉。在民间白菜是吉祥的象征，精美玉雕的白菜象征着吉祥富贵，被称为"百财"。其富含蛋白质、脂肪、胡萝卜素、维生素B_1、维生素B_2、维生素C、粗纤维以及蛋白质、脂肪和钙、磷、铁等，有很高的药用价值。中国医学认为，大白菜味甘、性平，有养胃利水、解热除烦之功效，可用于治疗咳嗽、咽喉肿痛等症。《本草纲目》记载："白菜，甘温无毒，通利肠胃，除胸中烦，解酒渴。消食下气，治瘴气。止热咳。冬汁尤佳，中和，利大小便。"我国民间流传着很多利用大白菜治疗感冒的验方。鲁迅笔中所写的"运往浙江便用红头绳系住菜根，倒挂在水果店头"的菜中佳品，即为胶州大白菜。其品质和盛名史籍多有记载，文人多有吟颂。清代胶州籍史学家柯劭作《种胶州白菜》诗："翠叶中饱白玉肪，严冬冰雪亦甘香，园官不用夸安肃，风味依稀似故乡。"；陈毅元帅也曾在诗中赞美"伟哉胶菜青，千里美良田"。

　　胶州大白菜的特点是个大帮薄、卷心紧、纤维少、汁白味甜，营养丰富，生食爽口，熟食味腴，且耐储藏、易保管，是青岛城乡人民冬春季主要食用的蔬菜。它的种植历史悠久，品种繁多，远销日本、韩国、新加坡等。

　　现在白菜的种植主要分布在胶州市三里河、胶河、墨水河、大沽河沿河两岸的大白菜示范基地，这里的土壤、水质等环境条件和栽培技术都符合绿色食品生产基地标准；在用肥上，全部要求用农家肥和生物肥，并配以适量的矿物质元素和必需的氨基酸等；病虫害防治中，要求采用黏虫板、杀虫灯、防虫网等物理方法及生物防治措施；从种子选择、下种、收获到装箱等过程全部由协会技术人员指导和监督。胶州市还建立了大白菜标准化生产示范基地核心区，利用设施栽培手段，实验适宜一年三季种植的品种，在市场销售的每棵正宗胶州大白菜都有自己的"身份证"——粘贴有原产地证明商标，商标上附有查询电话、查询网址和唯一编码。通过每个商标上的唯一编码，可以查询这棵白菜的生产单位、生产基地、基地概况、栽培过程、产品质量检测结果等，从而保证了消费者在市场上能买到真正的"胶州大白菜"。

　　据说袁世凯于1915年冬天称帝做了洪宪皇帝后，忽然想起了当年吃过一次胶州大白菜，那叫一个好吃啊，于是就命内务部总长朱启钤火速派人前往胶州，急调胶州大白菜入京，一饱口福。正待赶车运往火车站之际，老天爷却突然变了脸，气温骤降，寒风突起。这是胶州历史上百年不遇的严寒天气，负责押运这批白菜的官员望天兴叹、欲哭无泪，只能眼巴巴地看着那些已经装车待运的大白菜在严寒的蹂躏下，全部都冻得如同顽石一般坚硬，变成一堆无法食用只能喂猪的饲料。因为一场突如其来的严寒，使袁世凯到底也没能如愿以偿地吃上一口梦寐以求的胶州大白菜，因为转过年来的六月，大白菜还没种下的时候，他就驾鹤西去了，胶州大白菜也成为他终生的遗憾！

胶州湾杂色蛤——带有甜味的鲜美

胶州湾杂色蛤，学名叫菲律宾蛤仔或马尼拉蛤仔，喜栖于淡水流入的波浪平静的内湾中沙和泥沙质的海底。

　　胶州湾杂色蛤并不是真正的杂色蛤，真正的杂色蛤虽与其形态上很相似，但口味却较差。《黄渤海的软体动物》一书中介绍了杂色蛤的习性及分布情况："喜栖于淡水流入的波浪平静的内湾中沙和泥沙质的海底。垂直分布，从潮间带至10米深的海底都有栖息。在黄渤海沿海分布较广，向南可至广东雷州半岛……"尽管杂色蛤分布广泛，但胶州湾产的这种杂色蛤质量最好。由于大沽河、洋河分别从胶州市的左右两侧汇入胶州湾，因而处于两河入海口之间的胶州海域水质最适合杂色蛤的生长，饵料丰富，所产的杂色蛤质量算得是上佳。在胶州采挖杂色蛤最常用的工具是耙子。它用钢筋烧制而成，前部是一溜尖齿，可把海底的杂色蛤和泥沙一起挖起。后部呈兜状，能滤除泥沙，剩下杂色蛤。

　　胶州市地处胶州湾畔，胶州人餐桌上自然少不了海鲜，最受大众欢迎的还是胶州湾杂色蛤。胶州人喜欢吃杂色蛤，不亚于四川人吃辣椒。饭桌上可以没有肉，没有鱼，却少不了杂色蛤。就连吃火锅，也得放上盘杂色蛤压锅底。它独特得让你一吃忘不掉。杂色蛤的吃法很多，在胶州主要有两种：一种原汁杂色蛤。将杂色蛤吐泥洗净，放入锅中，加少量水，用火加热到开口和汤一同盛入汤碗，然后就可享用。由于没添加任何作料，所以杂色蛤的那种特有鲜美特别浓。再一种就是辣杂色蛤。先在锅里放适量花生油，烧开，放入干红辣椒。待炸出香味后，放入杂色蛤翻炒至开口装盘。这种吃法的特点是"鲜、辣、香"。

　　从1993年开始，胶州市营海镇建立了杂色蛤养殖基地，如今，适合杂色蛤生长的浅海已全部被承包，形成了广阔的养殖规模。这里的杂色蛤不但在国内畅销，还漂洋过海端到了日本人的餐桌上。在1994年以后，市场上的杂色蛤基本是人工养殖的。

大泽山葡萄——满口清香

大泽山葡萄是山东省的名特产之一，葡萄穗大粒饱，色泽鲜艳，皮薄肉嫩，甘甜多汁，口味宜人。

大泽山葡萄产于平度市大泽山镇。大泽山像一道天然屏障挡住来自北方冷空气的影响，缓冲了冬夏冷暖气流，这样特殊的小气候环境与土壤条件造就了大泽山葡萄优良的质地。它有几大特点，一是穗大粒饱，色泽鲜艳；二是清爽可口、致密而脆、酸甜适中、风味淳厚。果肉呈可溶性，吃到嘴里丰富的汁液脱果而出，舒适可口，而肉质又十分致密，即使是含糖分低的品种龙眼也能以刀切块而浆液不外溢，被誉为"切得住"；三是糖度高，不仅可生食，而且还可以酿造佳品；四是具有祛病健体，补内益气，延年益寿之药用价值。并含有多种维生素和氨基酸，经常食用具有软化血管、滋润肌肤、减肥、防癌等功效。谚语云："眼看穗头美，刀切不流水，入口胜蜜糖，满口清香味。"

大泽山葡萄栽培历史至少在300年以上。团石子、谭家夼村、三山东头村、韭园、潘家村等村是种植最早的村庄。清末，种植已较普遍，品种主要是柳子、龙眼。大泽山葡萄自20世纪50年代起开始品种改良，陆续引种栽培的达300余个，广泛栽培的有十几个，鲜食品种中泽香、玫瑰香栽培最多，产量最大。玫瑰露、龙眼、甲州、红富士、美人指、贵妃玫瑰京秀、巨峰、早红、红莲子、红提、黑提（黑大粒、秋黑、瑞比尔）红香蕉、大宝、红鸡心、葡萄园皇后、藤稔、矢富罗莎、巨星、意大利、凤凰51号、牛奶、乍娜、板田良智、里扎马特、优无核、脆红、维多利亚等品种有零星栽培，到了20世纪80年代后葡萄种植已成为大泽山镇的主业。大泽山镇一直为原青岛葡萄酒厂供应原料，酿造品种有佳利酿、北醇、黑比诺、莎当妮、雷司令、赤霞珠、意斯琳、烟73、法国兰、白品乐、白羽等。

马家沟芹菜——嫩脆无筋

马家沟芹菜，山东省著名地方特产之一，棵大鲜嫩、叶茎嫩黄、梗直空心、清香酥脆、营养丰富，品质优良。

马家沟芹菜属于粗纤维蔬菜，原产于青岛平度市马家沟及周边村庄。独特的种植技术和生态环境使马家沟芹菜品质优良，芹菜吃到口中嫩脆无筋，不塞牙齿，味美香嫩，烹饪适当，色香味俱全，是不可多得的菜中佳品。芹菜中富含胡萝卜素、钙、铁、维生素A、维生素B_1、维生素B_2、维生素C等多种人体必需元素；且含有芹菜油，具有独特的芳香气味，可开胃促进食欲；在医学上还具有清热止咳、健胃、降压、排毒、养颜等多种保健功能。

平度市马家沟芹菜种植历史悠久，可以追溯到明朝。崇祯十四年，李自成率兵攻取洛阳，杀死荒淫无耻的福王后，挥师北上攻打北京。其中东路军途经平度，当时正值三伏，酷热难当，部下大部分人头晕、发烧、焦燥不安，行军不得，制敌不能，指挥官焦虑不堪。有的部属吃了马家沟芹菜，病情大为好转，于是佳话盛传，兵士争相传食。兵多菜少，指挥官即令每营分4至5棵芹菜，熬一锅汤，士兵每人两碗芹菜汤，数日后，部队灾消病祛，整装前进，如期赶赴战地。

清光绪二十二年，在平度任知州的泮民表患头风，数名医师治疗无效，束手无策。而县尹思食新鲜蔬菜，厨师跑到平度西关双丰桥下挖野芹菜数棵，选其嫩梗去叶切小段，先炒猪肉丝后加芹菜急火爆炒，县尹食之，清脆可口，翠汁流香，大为奖励；厨师又用芹菜变换花样，令县尹食欲大增，从此县尹以它为主菜食之，久而久之头风痊愈。县尹就问厨师这是什么菜，厨师据实相告说："此乃双丰桥下之野芹菜"，县尹听后大喜："平度又一名菜"，遂命双丰桥下游的农民种芹菜。

芹菜炒肉

马家沟芹菜种植地

即墨老酒——营养酒王

推荐星级：★★★

即墨老酒——中国北方黄酒的典型，酒液清亮透明，深棕红色，酒香浓郁，口味醇厚，微苦而余香不绝。

即墨老酒属于黄酒，是中国古典名酒之一，黄酒中的珍品。据《即墨县志》和有关历史资料记载，公元前722年，即墨地区（包括崂山）已是一个人口众多、物产丰富的地方。这里土地肥沃，黍米高产（俗称大黄米），米粒大、光圆，是酿造黄酒的上乘原料。当时，黄酒称"醪酒"，作为一种祭祀品和助兴饮料，酿造极为盛行。在长期的实践中，"醪酒"风味之雅，营养之高，引起人们的关注。而酿制的黄酒尤以"老干榨"为最佳。其质纯正，便于贮存，且愈久愈良，居胶东地区诸黄酒之冠。后据即墨"老干榨"历史久远、久存尤佳的特点，为方便同其他地区黄酒的区别，遂改称"即墨老酒"。

即墨老酒的风味别致，营养丰富，酒色红褐，盈盅不溢，晶莹纯正，醇厚爽口，有舒筋活血、补气养神之功效，深得古今名人赞许。适量饮用，能促进人体新陈代谢，增强体质，防治疾病，延年益寿。单就营养说，即墨老酒是"营养酒王"。《神农本草经》："大寒凝海，惟酒不冰，明其热性，独冠群物。药家多须以行其势。"《汉书·食货志下》："酒，百药之长"，说的就是黄酒。明朝李时珍《本草纲目》详述了69种黄酒泡制药材治百病的秘方。用即墨老酒浸黑枣、胡桃仁，不仅可以补血活血，而且能健胃健脾，是老幼皆宜的冬令食品。浸泡龙眼肉、荔枝肉，于补心血不足，夜寝不安者甚有功效。酒冲鸡蛋是一种实惠的大众食补吃法。浸鲤鱼，清汤炖服，可以促进哺乳妇的乳汁量。它还利于产妇催奶和恢复产妇的体能。在即墨产后饮老酒是家喻户晓的事。产后用红糖冲服老酒不但补血，且能祛恶血。阿胶用老酒蒸后服用，专治女子寒、贫之症，等等。

　　相传，春秋时，齐景公朝拜崂山仙境，谓之"仙酒"；战国时，齐国田单以火牛阵大破燕军，当地土民就是以黄酒犒劳将士，鼓舞其杀敌取胜的斗志，谓之"牛酒"；秦始皇东赴崂山索取长生不老药，谓之"寿酒"；几代君王开怀畅饮此酒，谓之"珍浆"。唐朝中期，人们发现"醪酒"威力"适筋骨入骨髓"，别称"骼髅酒"，又称"骷辘酒"。到了宋代，人们为了把酒史长、酿造好、价值高的"醪酒"同其他地区黄酒区别开来，以便于开展贸易往来，故又把"醪酒"改名为"即墨老酒"。此名延用至今。清代道光年间，即墨老酒产销达到极盛，不仅畅销全国各大商埠，而且出口远销日本及南洋诸国。

青岛贝雕——美轮美奂

青岛贝雕工艺品厂产品继承和发扬了中国的传统工艺，以珍稀螺壳为原料，综合玉、木雕和螺钿镶嵌等工艺特点，精心雕琢成平、浮、立体形式的挂画、首饰和旅游纪念品。

贝壳的种类很多，色彩和纹理多样，有的还是反光体。贝雕就是选用这些有色贝壳，巧用其天然色泽和纹理、形状，经剪取、车磨、抛光、堆砌、粘贴等工序精心雕琢成平贴、半浮雕、镶嵌、立体等多种形式和规格的工艺品。贝雕巧妙地将人与海结合起来，贝雕是海的绮丽与传统文化智慧的结晶，具有贝壳的自然美、雕塑的技法美和国画的格调美。

据考证，贝壳远在5万年前山顶洞人时期，就被穿成串链作为装饰。5 000～6 000年前，我国沿海地区及其附近岛屿，生活着众多的原始人群，他们依靠海洋生活。现在人们在他们居住的地方发现有大量的贝丘，贝丘中有蛤蜊、鲍鱼、海螺、长蛎、玉螺等20余种贝类化石，还有许多贝壳上有钻孔，显然曾经作为装饰品使用过。1987年在河南濮阳西水坡发现的有关巫觋的墓葬，其中有三组用蚌壳摆塑的动物。西周时期，人们已将贝壳磨成各种装饰品镶嵌在器物之上，创造了最初的"螺钿"镶嵌工艺。商代到秦代，贝类中的一种，被打磨穿孔后，长期当作货币使用，这就是贝币。春秋战国时期，贝壳被普遍制成腰饰、臂饰、项链、服饰等，甚至被制成了马饰、车饰。春秋战国时期，鲁国的三成将士都用红线穿贝壳作坠饰，以壮军威。秦汉时期，冶炼技术的提高和普及为贝壳的雕琢开辟了新途径。艺人们利用贝壳的色泽，将一种较平整的贝壳磨成薄片，再雕出简单的鸟兽纹图样，镶嵌在铜器、镜子、屏风和桌椅上作装饰，俗称"螺甸"，这种工艺在不少地区仍然保留着。

青岛贝雕就是在这种"螺甸"的基础上发展起来的。1962年成立的青岛贝雕工艺品厂，开始进行专业的贝雕制作，并不断总结经验，使青岛贝雕得到了快速发展。它以珍稀螺壳为原料，巧用其天然色泽和纹理形状，精心雕琢成平贴、半浮雕、镶嵌、立体等多种形式和规格的工艺产品。雕琢技法多种多样，粘、接、调、拼、贴画并用，借鉴了国画、牙雕、木雕和玉雕等技艺，使其花样繁多，形象生动，色彩绚丽，层次分明，风格独特。现有七大系列近千件花色品种，适合作为大型宾馆、会议大厅等楼堂装饰的巨幅壁画、大型座屏，富含艺术魅力，可以突显厅堂雍容华贵和浓郁的文化气息；贝雕旅游系列纪念品、首饰品、立体摆件、风景小画屏等便于携带，或作旅游纪念、或馈赠亲友，深受游客钟爱。大型立体摆件《龙舟》，以我国民间传统的吉祥图案为题材，精选珍稀的大珍珠贝、夜光螺为原料，采用镶嵌、高浮雕等工艺技法精雕而成。作品造型宏伟、结构严谨，龙体及亭台楼阁处处展现精雕细琢、巧夺天工的高超技艺。作品还蕴涵一帆风顺、前程似锦之义，是商界志庆、宅第吉祥、祈业发达的镇宝之物。

　　青岛贝雕以构图新颖、工艺精湛、色彩绚丽、寓意深刻的特色而享誉中外，并先后在英国、德国、法国、日本、科威特等10多个国家展出，产品畅销60多个国家和地区。

西施舌——细嫩洁美犹如美人之舌

"西施舌"是青岛的特产之一，海产美味，其肉细嫩洁美犹如美人之舌，而西施是美人的代表。

西施舌是软体动物门瓣鳃纲帘蛤目蛤蜊科的海洋贝类。壳体略呈三角形，壳长通常有7～9厘米，壳顶在中央稍偏前方，腹缘圆形，体高为体长的4/5，体宽为体长的1/2。壳厚，壳表光洁，生长轮脉明显，壳顶呈淡紫色，其余部分呈米黄色或灰白色。

西施舌曾为青岛鲁菜胶东菜系饭店的"招牌菜"，其肉体丰满，肉质脆嫩，味道清淡别致，极其鲜美。西施舌营养十分丰富，是高蛋白、低脂肪、低胆固醇食物，含有人体所需的全部8种氨基酸和微量元素及多种维生素。此外它还可入药，具有抗动脉硬化、降低血脂、改善心律失常等功效。

关于西施舌的名称，有不同的说法。本来它是一种海产贝类，是蛤蜊的一种，不过一般蛤蜊为扇形、皮较厚，而西施舌是扁长形且皮薄。有人称沙中产的蛤蜊为"天下第一鲜"，而西施舌比蛤蜊更鲜美，因为其肉细嫩洁美，犹如美人之舌，而西施是美人的代表，故而把它叫作西施舌。还有一个传说，讲述了春秋时期越王勾践借助美女西施之力，行使美人计灭了吴国之事。吴国灭亡大局既定，越王便想接西施回国，但是越王的王后怕西施回国会受宠，威胁到自己的地位，便叫人绑一巨石于西施背上，沉她于海底。西施死后化为这贝壳类"沙蛤"，期待有人找到她，她便吐出丁香小舌，尽诉冤情。男人在吃这个"沙蛤"时，想的并不是冤情，而是自作多情，很香艳地幻想自己是在与西施的香舌纠缠不休。女人在吃时，却觉得这个贝壳像是有口难言，长得美只能被利用，长得不美又没有传奇。男人要利用她的美色，女人要践踏她的美色。西施末了化为"沙蛤"，却也逃不过厄运，只成为大众的口腹之欢。梁实秋的《忆青岛》中写道："青岛的海鲜也很齐备。像蚶、蛤、牡蛎、虾、蟹以及各

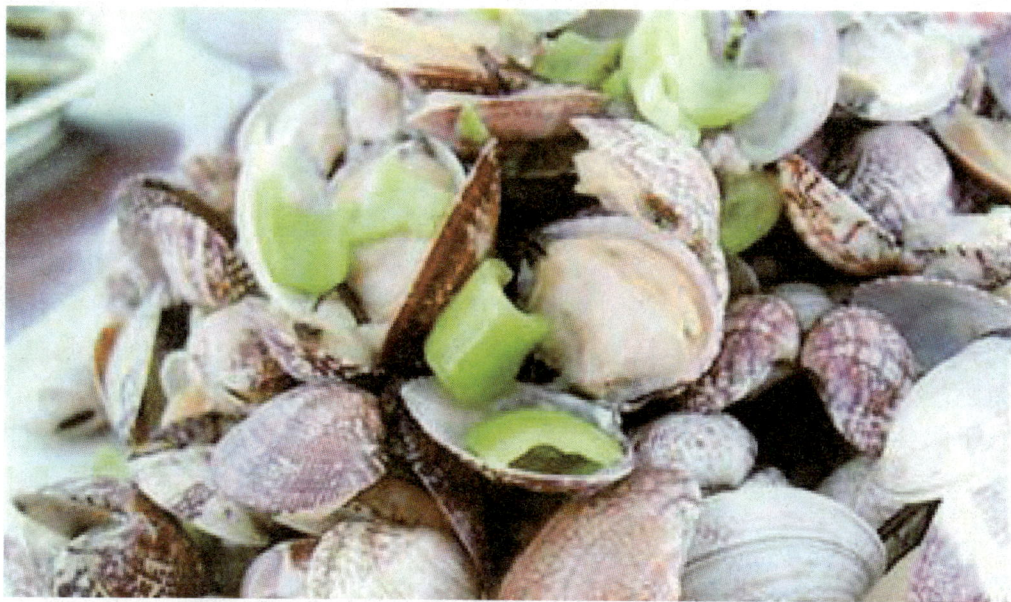

西施舌

种鱼类应有尽有。西施舌不但味鲜，名字也起得妙，不过一定要不惜工本，除去不大雅观的部分，专取其洁白细嫩的一块小肉，加以烹制才无负于其美名，否则就近于唐突西施了。以清汤氽煮为上，不宜油煎爆炒。顺兴楼最善于烹制其味。"

不管名字如何来历，西施舌为海产品中的上品是大家公认的。它的美味并不在海参鲍鱼之下。

仙胎鱼——香鱼

仙胎鱼学名叫香鱼，是崂山白沙河流域生长的一种珍稀淡水鱼，鱼形如梭，脊背呈淡青色，鱼体扁平透明，长15～20厘米，体重一般在二三十克。

　　崂山仙胎鱼属于鱼纲，香鱼科，体狭长而侧扁，头小而吻尖，口大眼小，身体呈青黄色，背缘苍黑，两侧及腹部为白色，背有细小鳞片，尾分叉，无硬棘，背鳍后有一小脂鳍，鲜活时各鳍淡黄色，腹鳍的上方有一处黄色色斑。香鱼吻端下弯，形成钩吻。下颌前端各有一突起，两突起之间有明显的凹陷。上下颌各有一行宽扁细牙，能活动，着生于皮上。犁骨无牙，颚骨和舌上具牙。全身除头部外均备有细小圆鳞。具脂鳍，体背淡黄绿色，腹部银白色；胸鳍后方有一鲜黄斑点。仙胎鱼主要产于白沙河及其涧溪中，为崂山独有的名贵鱼种，此鱼奇特之处是嗅起来无鱼腥味，反倒具有一股特殊的瓜香味，肉质细嫩，鲜美异常。仙胎鱼是一种非常有个性的鱼，它在不同的生长阶段生长在不同的水体环境中，以截然不同的生物为食。仙胎鱼是在河水中育苗，起初以浮游生物为食，但出生后就会游到大海中去，以硅藻为食，等到长大后又重新回到河流中。"仙胎鱼出白沙河，从九水来，山回涧折，其流长而清湛不染泥尘，鱼之游泳于清泉白石中者也，大可五六寸，鲜美异常。"这是清同治时《即墨县志》的一段记载，记录了崂山人的骄傲——仙胎鱼。从明代起，它就作为"贡品"进贡皇上，来到崂山的历代官员也都以有幸尝到仙胎鱼为荣。它被专家誉为"崂山的中华鲟"。

　　幼鱼生长在浅水中，极易受外界气候条件的影响，有时遇到突然发生的寒流或暖流，气温变化较剧烈，仙胎鱼幼鱼的死亡率就比较高，所以产量一直不是很大。近年来，崂山在一些河流中建大坝，给仙胎鱼上溯造成困难，再加上河道及入海口处环境污染等不利因素，这一名贵鱼种的数量越来越少，因而更加珍贵。

香鱼菜

仙胎鱼

　　传说当年八仙一行从蓬莱仙岛来崂山游玩时，何仙姑发现清澈、甘洌的崂山水中，见不到鱼游，便顺手从身边的一棵千年高龄的崂山人参的枝杈上，撸了一把红色的种子撒到溪水中。只见那人参种子一落进水里，立时变成了一条条奇特的小鱼。因它出自何仙姑之手，山里人便给它取了个带神话色彩的名字——仙胎鱼。

寒露蜜桃——肉质细嫩

寒露蜜桃是青岛特产之一，果肉乳白色，肉质细嫩，品质上乘，含可溶性固形物，黏核，果内近核处红色。

寒露蜜桃是山东的三个晚熟桃良种之一，产于青岛市城阳区夏庄街道西石沟社区果园之乡。该处紧邻青岛市城阳区付家埠果品观光园和毛公山风景区。蜜桃引进后获得成功，栽植面积发展到约54万平方米，年产量200万～250万千克，每年4月初开花，8月中旬果实开始膨胀，9月中下旬开始大批量上市，10月中上旬供果期结束，生长期长达5个半月之久。果实成熟期介于肥城阳桃和青州蜜桃之间。果实近圆形，青皮，成熟晚，从内向外熟，耐贮运；果肉白，肉质细，纤维少，汁液多，味纯甜，含糖量高达19%，香味浓郁；平均单果重0.4千克，最大果重0.6千克以上；近圆形，果实扁平，果面底色半乳黄。该桃适应性极强，抗寒、耐贫瘠、耐干旱，较抗病，但是不耐涝。成熟的果实向阳面稍红晕，果实黄绿色。果实成熟期在"寒露"前后，故名"寒露蜜桃"。

寒露蜜桃营养丰富，含有多种氨基酸和维生素，尤以维生素C含量高，并含有钙、磷、铁等多种元素，有降血脂和血压的功能。桃花、桃仁、桃根、桃树皮均可入药，具有清热、利尿、散瘀的功用。桃仁可以榨油，树皮可以造纸，桃花还可以提取香精。

第10章

曲艺的明天，曙光再现

茂腔——胶东之花

茂腔被誉为"胶东之花"，又名"周姑子""肘鼓子""轴棍子""正歌子"等，始为城乡民间流传的口语化、唱腔简单的剧种。

茂腔是流行于青岛、潍坊、日照等地的地方戏曲，最初为民间哼唱的小调，称为"周姑调"，传说系因一周姓尼姑演唱而得名，发展到后期被称为茂肘鼓、本肘鼓、冒肘鼓等。茂腔共有140多个剧目，较完整的有108个，代表剧目有《四大京》《八大记》等，特别是《东京》《南京》《西京》《北京》《罗衫记》等传统剧目，经久不衰，深受群众喜爱。

茂腔距今已有200多年的历史。最初，在城乡活动时只是一个人挨门挨户地演唱，艺人们称这种形式为"唱门子"，后发展到"撂地"演出，即在集市广场或街旁道边设点演出，来吸引路人的围观。到20世纪初，茂腔在演唱形式上有了突破性的发展，出现了戏班，并从单纯的演唱向代言体的戏剧过渡，演出场地上也有了剧中人物出现，从一个演员扮演几个角色发展到一个演员扮演一个角色，并且有了简单的化妆，这是茂腔发展为地方戏的雏形。1910年，昌潍地区的茂肘鼓艺人进入青岛演出。1920年，茂肘鼓戏班"顺和班"在青岛演出和活动。进入20年代以后，京剧、河北梆子等地方剧种开始进入青岛。茂肘鼓艺人为在竞争中求生存，一方面保持自己的风格和特点，一方面吸收其他地方戏的长处，在艺术上有了长足的进步，作为一个地方戏剧种茂腔已经更加完备。1940年在青岛小鲍岛一带活动的"宿家班"已经有了花旦、青衣、大生、娃娃生、武生等行当，有了服装、道具。1942年，"宿家班"曾到东北的一些城市演出。在青岛，茂肘鼓艺人主要在街头广场"撂地"卖艺。新中国成立前夕，茂肘鼓濒临消亡。

新中国成立后，人民政府对茂肘鼓进行抢救，将流散的艺人组织起来学习，并将茂肘鼓正式定名为"茂腔"。1950年2月、8月分别成立青岛市金光

茂腔民间演出

茂腔装饰

茂腔剧团和青岛市光明茂腔剧团。金光茂腔剧团是以茂肘鼓艺人宿艳琴、曾金凤、王凤松、曾子明等人为主组成。建团后改编排演了《兰桥会》，在青岛光陆戏院首次演出，连续9场，座无虚席。继而又排演了《东京》《南京》《西京》《锦香亭》《北京》《罗衫记》等传统剧目20多出，久演不衰。1954年，由宿艳琴和曾金凤主演的《锦香亭》到上海参加了华东戏曲汇演，受到艺术家的好评。参加华东汇演后，金光茂腔剧团与光明茂腔剧团合排了《罗衫记》，对茂腔的唱腔进行研究整理，在规范化方面做出贡献。1956年《罗衫记》在济南山东剧院参加了省文艺汇演，获得音乐唱腔改革奖，主要唱段灌制成唱片在全国发行，受到了广大茂腔爱好者的好评。1958年4月，青岛金光茂腔剧团调到胶县，改名为胶县茂腔剧团。青岛市光明茂腔剧团以茂肘鼓艺人李玉香、李兰香、刘顺仙、刘翠兰等组织的茂肘鼓戏班为主。建团后，在排演传统剧目的同时，积极创作排演现代剧目。1951—1956年先后排演了《小女婿》《洪湖赤卫队》《徐呈龙》《八女投江》等30多个新戏，受到观众欢迎。1959年7月，光明茂腔剧团改名为青岛市茂腔剧团。同年8月，剧团携带《花灯记》和《罗衫记》等剧目进京演出，在中南海小礼堂、国务院礼堂演出《花灯记》，党和国家领导人周恩来、刘少奇、朱德、陈毅等观看了演出并接见了演员。文艺界领导及知名人士周扬、林默涵、梅兰芳等观看演出后，进行了座谈，对演员的表演艺术给予了很高的评价。《人民日报》1959年8月10日发表了题为《胶东之花》的评论文章。中央人民广播电台向全国播放了《花灯记》的全部录音，并向全国播放了《锦香亭》。1961年，青岛市茂腔剧团带着《花灯记》《罗衫记》《白蛇传》《荀灌娘》《锦香亭》等剧目，在上海、杭州等南方的许多城市巡回演出，受到欢迎。1963年，青岛市茂腔剧团由国营改为集体。

茂腔曲调质朴自然，唱腔委婉幽怨，通俗易懂，具有较强的艺术感染力和生命力，与人民生活密不可分。但随着市场经济和现代科技的发展，人们的生活方式及艺术观赏方式发生了很大变化，城市中的年轻人对茂腔已比较陌生，专业演出队伍也日渐萎缩。2006年，茂腔被列为青岛非物质文化遗产保护项目之后，这朵瑰丽的艺术奇葩才又重新绽放。有志于茂腔艺术的文艺工作者和茂腔艺人除了挖掘整理了大量茂腔的传统剧目外，又移植和创作了不少反映现代生活内容的茂腔戏；在音乐伴奏上，在坚持以民族乐器伴奏为主的基础上，又辅以提琴、贝司等西洋乐器，使茂腔艺术焕然一新。"茂腔一唱，饼子贴在锅沿上，锄头锄在庄稼上"，这是过去乡下人对茂腔的赞誉；现在，它又以崭新的艺术风貌出现在乡村和城市的舞台上，它以其独特的艺术魅力博得人们更多的喝彩。

柳腔——茂柳不分家，两剧姊妹花

柳腔也叫邦柳，又称"老拐调""哦嗬唵"。是吸收花鼓、秧歌和河北梆子等地方剧种的曲调融合发展而成的青岛地区的地方剧种。

推荐星级：★★★

　　柳腔发源地在青岛市即墨县西部，是当地流行的民间小曲发展形成的剧种。它与五音戏、茂腔血缘相近，声调委婉悠扬、柔和细腻。曲调中有花调、悲调之分。花调欢快舒展，适宜于演喜剧；悲调低沉而缠绵，多用于唱悲哀之戏。板头有慢板、二板、三板、四不像、导板、娃娃、哭迷子等。唱腔中，演员往往一唱就是几十句、上百句，道白很少。他的伴奏乐器有四胡、二胡、月琴、坠琴、三弦、扬琴、低胡以及笙、箫、唢呐、锣鼓等，演出时琴音缭绕、乡音浓郁，耐人寻味。

　　柳腔的产生比茂腔早100多年。《中国地方戏曲集成》中载，柳腔其前身为"本肘鼓"，是由民间说唱的"肘鼓子"形式发展演变形成的。"肘鼓子"产生于明末清初，距今约有三四百年历史，山东地方戏曲多由此演变发展而成。"本肘鼓"系指本地"肘鼓子"的意思，流传于平度、即墨一带则发展成

柳腔表演

柳腔演出

柳腔；流传于胶州、高密一带则发展形成了茂腔。故有"茂柳不分家，两剧姊妹花"之说。据史料记载："乾隆十三年(1748年)时，年景不好，水旱虫灾，相继袭来，群众生活无法维持。西边各县的群众背井离乡，四处逃散，来即墨者甚多。因乞讨困难，便利用他们那里的小调，在乞讨时演唱。当地群众称他们演唱的戏为'周姑子'，即'肘鼓子'，传到本地又称'本肘鼓'。'肘鼓子'最初传到即墨后，当地群众非常喜欢，便有人跟他们学唱，学唱者最多的地区是即墨西部靠沽河一带的挪城、吕戈庄、刘家庄、丰享庄等村庄。"后来，本肘鼓与即墨当地的民间小曲、秧歌相互融合，经历了一段时间，不仅声调发生了变化，而且由说唱体逐步演变为板腔体。初期，演唱形式比较简单，配乐只有一只手鼓或一副呱嗒板，每次演出只有三五个演员，分别扮演不同的角色，有时根据剧情需要一个演员兼演同一剧中的几个角色。演员的化妆、服装和脸谱也没有严格规定，演唱者于农闲时节和节日期间在集市村镇的街头巷尾坐下就演唱，被称为"攀凳子"。演出虽然形式简单，表现粗俗，却生动有趣，深受群众欢迎。这样的演出形式持续了100多年。直到清嘉庆年间（1800年左右），地处小沽河西北岸的仁兆镇沙窝村，有一王姓外地人，以演唱兼营手工业谋生，人称王师傅，在该村定居。他在演唱和授徒过程中，将流传当地的民间曲调"姑娘计"和"绒花调"与"本肘鼓"结合，配上一些流传民间的神话故事，乡间俚曲，创作了韵词，串乡走户进行演唱，并以此为生。由于其曲调宛转，词意明达，易学好懂，故深受群众喜爱。

1930年，由崔乐曾为东，柳腔的第二代传人王启培重新出山执鞭组班，历时四年，戏班演遍平度、即墨、莱阳、掖县。当时戏班约有20多人，唱了四天，四乡观众争往观看，盛况空前。1935年，平度城区区长张彬庆为东挑头，购置了行头，遍请柳腔四大名流，即刘洪石、刘德昌、刘柞连、刘邦君，成立了柳腔"四喜"戏班。官振民、张胜祥、袁秀莲等，也应聘入班。戏班历时五年，演遍胶东各地，是柳腔艺术走上舞台后发展提高的火红阶段。至今，平度不少地方还流传着"刘小刘曼上了台，大嫂抱着枕头跑出来，冬瓜地里摔了一跤，把瓜当儿怀里揣"的笑话。说明当时"四喜"班的确深受广大群众的喜爱。在"七·七事变"后，日本侵略者侵占胶东，到处修碉堡、炮楼，加强殖民统治。不甘受奴役的沙窝人民积极地加入到反抗侵略的行列中。村里的青年抗日热情极高，经常组成时装高跷队和秧歌队到河乐即墨移风店一带鬼子炮楼附近宣传抗日。有时他们也把抗日的内容编成柳腔在大沽河两岸村子里"攀凳子"演唱。

新中国成立后，柳腔艺术获得了新生，在胶东地区迅速发展，当地政府成立了"金星柳腔剧团"。1954年春，即墨县以柳腔名流刘柞连为首成立了"民艺柳腔剧团"，即现"即墨市柳腔剧团"的前身。1959年，平度市成立了"平度柳腔剧团"，并聘请了著名老艺人刘洪石、刘德昌为艺术顾问。这些专业剧团成立后，加强了对柳腔音乐的加工、整理和创新，改变了过去那种"学唱跟着师傅溜，演员乐队两接就"的局面。同时，艺人们对服装、道具、乐器伴奏、演出剧目等，均做了大量的改进，净化了舞台。他们筛选、新编了演出剧目，使柳腔这个群众喜爱的艺术形式以崭新的面目，重新活跃于广大的城镇农村。专业剧团的成立，使柳腔这朵土生土长的戏曲之花越开越艳。1959年11月到12月间，金星剧团应邀进京演出，以其独特的艺术风格、精湛的舞台艺术，赢得了首都人民的喜爱和欢迎，并三进中南海怀仁堂，向党中央以及戏剧界汇报演出了《赵美蓉观灯》等传统剧目，受到了党和国家主要领导人的亲切接见和称赞，得到文艺界的充分肯定。

胶州秧歌——劳动小曲

胶州秧歌又称"跑秧歌""地秧歌"，民间称"三道弯""扭断腰"，是山东省三大秧歌之一。

秧歌，起源于农业劳动，是南方劳动人民插秧所唱的劳动小曲。而胶州秧歌从艺术形式和类别上看，是一种戏剧，不是单纯的舞蹈和歌唱，与元杂剧有关。它有剧本，有道具，有曲牌，演员有行当，是一种形式活泼的歌舞剧。小戏剧本，包括《五更》《想娘》《大离别》《小离别》等72出，现仅查到35出。唱腔曲牌，主要包括《锯缸》《打灶》《扣腔》《男西腔》《女曲腔》《叠断桥》等。

它的音乐是以各类曲牌形成的一种曲牌体的小戏音乐，以11个风格迥异的曲牌所组成。它以民族调式徵调式为主、以商羽调式为辅的交叉调式的运用出现。同时，打击乐演奏是胶州秧歌音乐的又一特色。胶州秧歌的击乐演奏除了舞蹈部分的开场锣鼓和掂仓扭子外，还有一个包括四个扭子的秧歌牌子。

这样一个形式多样、文化内涵丰富的地方剧种，是围绕胶州海运文化应运而生的。它的形成经历了一个比较漫长的过程，根据胶州秧歌的曲牌、角色、表演形式以及流传地域文化特征等因素推断，胶州秧歌与元杂剧有着密切的关系，其起源的时间至少应在宋末元初。

胶州所以有南方秧歌，是因为胶州在唐宋时期是北方最大的港口。北宋时期作为北方唯一设置市舶司的码头，与江南有着密切的联系。随着与南方商业贸易的往来，南方的文化艺术如秧歌等劳动小曲也随之传至北方。胶州秧歌是在引进江南地方曲调的同时，又吸收了北方杂剧的精华，所形成的新的艺术形式。清代《胶州市文化志》载东小屯"马、赵二姓，弃家闯关东。在逃荒路上，从乞讨卖唱，后改为边舞边唱，逐渐形成了一些简单的舞蹈程式和具有胶州地方色彩的小调。他们重返家乡后，经过代代相传，提炼加工，至清朝中期，逐渐成为定形的舞蹈秧歌"。1860年后，又在胶州秧歌的基础上，创立了

胶州秧歌

秧歌小戏，有35个剧本。到1863年胶州秧歌基本成型，唱腔、舞蹈、伴奏均有一定程式。演员分为翠花、鼓子、棒槌、扇女等5个行当，表演程式有正挖心、反挖心、大摆队、十字梅、两扇门等，伴奏乐器除唢呐外，还有铙钹、小镲、大锣、堂鼓、手锣等，唱腔曲牌有30余个。1957年，胶州秧歌进京演出，博得好评。嗣后，1991年的"中国首届秧歌大赛"中，胶州秧歌获优秀奖。

中国文学史上，有唐诗、宋词、元杂剧、明清小说的说法。可见，元杂剧的地位是很高的。胶州秧歌剧具备元杂剧的特点，所以对于它的研究也是具有历史意义的。

胶东大鼓——盲人调

胶东大鼓，又称"盲人调"，是一种山东曲种，有甩腔、花腔、悲调、平板、起声、大鼓套、数板、快板、落板、反调快板、散板、烧纸调等一整套唱腔鼓板结构，唱腔高亢明快，旋律性强，有乡土风味。

　　胶东大鼓是产生于胶东半岛的一种民间曲艺形式，广泛流传于胶东半岛，其流派按胶东半岛三个海区分为东、南、北三路："东路"流行于半岛东部沿海的文登、荣成、乳山等地，曲调质朴富于说唱性，以号称"彭调"的彭润芝为代表；"南路"流行于半岛南部沿海的莱阳、即墨、海阳、掖县等地，早期名艺人为莱阳徐尚厚，尔后，栖霞张振宝、冯德香皆有名声；"北路"流行于蓬莱、烟台等地，早期名家有丁戊辰、周洁美、杨大田等，后期有周德香、任福庭、吴先达等。

胶东大鼓表演

胶东大鼓

　　胶东大鼓主要伴奏乐器为三弦、书鼓、钢板，属板腔结构体，七声宫调式，主要板式有起腔、二板、平腔、落板等。另外，有时还穿插满洲迷、茉莉花、娃娃调等曲牌演唱，穿插京剧唱腔演唱者亦不少，所以也叫"二黄大鼓"。传统书目丰富，有段儿书《田秀英圆梦》《刘伶醉酒》等近70段，中长篇书《紫金镯》《双兰记》等20余部。鼓儿词又名"小鼓""木皮子"。曲调原为读书人吟诵调与当地流行的李翠莲小调结合演化而成。演唱者多为不第的读书人，故书目皆系自编。仿效曲阜的贾凫西，击矮脚小皮鼓，敲木制手板，揭抄本演唱，俗称"揭叶子"。因系无弦索伴奏的吟诵唱法，曲调因人而异，极不固定，多受花鼓、渔鼓影响，因此可说是山东产木板大鼓。

　　胶东大鼓有近200年历史，在清嘉庆年间邹县石元朗创立"石门"后已传十代，早期因流行地域而称作"蓬莱大鼓""福山大鼓""荣成大鼓"等。据史料记载，1937年抗日战争爆发，胶东各地盲艺人基于爱国热情，组建了"盲人抗日救国会"，他们以演唱大鼓进行抗日宣传。同年，又在蓬莱磁石山区燕子夼举办"盲人训练班"，创编新词，改进大鼓曲调，以战争和根据地的群众工作及大生产为题材，对真人真事进行艺术加工，再进行宣传。1943年，北海剧团梁前光奉命为抗日战争服务，编创了《打大黄家》《上营战斗》等优秀作品，梁前光所创新腔被誉为"梁调"。在"盲人抗日救国会"和梁前光的带动下，胶东各地纷纷效行，遂使胶东大鼓活跃于整个胶东抗日根据地。1949年，梁前光进入青岛演出，始定名"胶东大鼓"。今天，胶东大鼓作为国家非物质文化遗产再次展现在全国人民的视野，受到人们的喜爱。

崂山道教音乐——宗教文化的瑰宝

崂山道教音乐，属于宗教音乐，是盛行于中国山东省境内崂山一带道士们经常演奏的音乐。

崂山道教音乐是中国民间音乐的组成部分，多由上古民歌和民间号子演变而成，具有强烈的东夷文化气息，分为韵腔与曲牌两大类。道乐经曲使用管弦伴奏，直接参与各种民俗活动，促进了崂山地区民间吹奏乐的发展。

崂山是中国最大的道教场所之一，其宗派多而复杂。各教派用的经文大部分相同，但韵曲各有差异，或根本不同。崂山历代隐逸的方士甚多，他们带进崂山的各地民歌雅曲，特别是琴曲，对崂山的道乐经韵有极大的影响，故崂山的道经韵曲既有独特的崂山经韵，也有全国通用的十方经韵。《后汉书》载，著名经学家郑玄曾在这一带传授了周汉的一些宫廷音乐。这些音乐素材与牌子，后来多被崂山道士所采用，创编成道教经韵曲牌，这就是崂山经韵曲牌形成的初期。故此而言，郑玄乃为崂山道乐最早的始祖之一。到东汉末年，五斗米道首张道陵的经韵曲牌，有些传至崂山一些外山庙观，然而多用于民俗活动中。后来西晋的郭璞又将《葬经》传至崂山，这部经的韵牌，对后世崂山外山庙观道士的"度亡灵"之类的韵牌，起到了奠基作用。东晋隆安三年，名僧法显在大海上无意间漂泊至崂山着陆，在崂山和青州等地留住期间，把从印度带回来的佛教经曲传给了崂山的许多山庙。此时，崂山有好多庙是僧道合一，故佛道两教的经韵曲牌互有影响。

南北朝时崂山各庙的经韵曲牌已居正统之列，其内容也十分丰富，在节日的咏颂上常用正统的安世歌。这类韵曲虽也采用拜诰式的曲式，但调性有所突破，已经脱离了陈旧的羽调，而采用了羽宫或商宫等调，其经文也从原先刻板式的单一七言和四言句，发展到有变格的词牌形式。唐朝时期政治经济颇为强大繁荣，朝廷又偏爱道教，在中唐时，宫廷演奏的乐曲启用道教音乐，于是，道乐地位也随之提高。同样，崂山的道教音乐也空前兴旺。唐代中期，古琴高手任新庭，东至崂山白云洞出家为道，在此山居30余载，诵经炼气，编曲弹琴。据历代崂山道士述，宋元明清时代道士们弹的古琴曲《秋山行旅》和《鹊华春山》，便是任道士之作。此二曲典雅抒情，缠绵不俗，结构严谨，转化复杂，很富有唐代宫廷乐舞特色，是崂山道乐琴曲精华之一。金代，龙门派祖师邱处机，曾进出崂山数次。他自幼善文学好音乐，是一个善于改革和创新的道士。他到崂山各道场讲道传玄，传播十方经韵曲牌。还把唐代和宋代《三涂五苦颂》八首进行了改编，把每一首中的精华摘出来合成一首，更名《三涂颂》，成为宋金以后崂山道乐曲牌中的殿坛经曲之精华。这是崂山道经韵曲在发展过程中的一个大飞跃、大转折。

随着胶州湾口岸村镇和人口的增加，崂山太清宫的下院天后宫，一时成为应风乐的中心之一。在道乐的开展、道歌道曲的创编上，一跃成为中国北方的领导者。随着各教派的兴起及庙观数目的增加，明代崂山道教音乐史上迎来了黄金时代。清代是崂山道教史上一个较为平静的时期，以太清宫为中心的各庙观道士，多以习武传玄，鼓琴书写，以及朝拜星斗为常业。但这一时期，各方的文人雅士及一些琴曲专家来崂山参访的很多，故对崂山道乐的交流、发展，也起到了一定的推动作用。当时，鹤山遇真庵、太清宫、白云洞为三个内山道乐中心，除继承了明代各先师所传的功课经曲外，大兴古琴乐。

两千多年来，崂山道教音乐广采博取，不断完善。加之许多民间老艺人多师承崂山道乐，致使许多道乐名曲在民间传流至今。

226

附　录

8条最值得推荐的青岛自助游线路

线路1：极地海洋世界 — 青岛博物馆 — 石老人浴场 — 啤酒城

　　早上可以先去极地海洋世界，在模拟极地环境中观赏北极熊、企鹅等珍稀的极地动物，欣赏一些大型海洋哺乳类动物的精彩表演。建议游览4个小时左右。下午可以先去参观青岛市博物馆，欣赏中国古文物、了解青岛历史。之后去石老人海水浴场，欣赏海蚀柱景观，吹吹海风，游游泳，非常惬意。晚上可以去参观亚洲最大的啤酒都会——青岛国际啤酒城，喝杯纯正的青岛啤酒。如果恰好赶上啤酒节，那场面将更加热闹。

线路2：小鱼山公园 — 海产博物馆 — 鲁迅公园 — 海军博物馆 — 小青岛

　　早上先到小鱼山公园参观，尽享将自然美、建筑美与艺术美融为一体的亭台廊阁。登上山顶，周围的美景将尽收眼底。之后可以去海洋水产馆欣赏穿游不息、千姿百态的鱼类，这里生活着中国及世界名鱼。下午先去青岛最富特色的临海公园——鲁迅公园逛逛，然后去参观中国唯一的一座全面反映中国海军发展的军事博物馆，感受一下中国海军的强大力量。傍晚时可以去小青岛观光，散散步，看看岛上耸立的白塔。

线路3：中山公园 — 公主楼 — 八大关 — 花石楼 — 第二海水浴场

　　早上可以去游览中山公园，这是青岛最大的综合性公园，也是青岛市区植被景观最有特色的风景区。之后可以去公主楼，欣赏一下这座外部由一组不规则斜顶屋组成的丹麦建筑。下午可以去因有八条马路而得名的八大关景区，欣赏青岛的红瓦绿树、碧海蓝天和各国不同风格的建筑物。接下来可以再欣赏西方多种建筑艺术风格融合的佳作——花石楼。傍晚可以去第二海水浴场感受一下海水、海风、海滩。

线路4：奥帆博物馆 — 奥林匹克帆船中心 — 五四广场

上午可以先去奥帆博物馆体验一下玻璃幕墙的独特造型和高科技的展览效果。接下来的大半天都在奥帆中心度过，乘坐观光船或游艇游览，和帆船合影留念，欣赏奥帆赛长廊，感受帆船之都的大气磅礴。傍晚时分可以去五四广场散散步，欣赏其标志性的建筑——五月的风。在洒满夕阳余晖的广场上放放风筝，别有一番风味。

线路5：啤酒博物馆 — 葡萄酒博物馆 — 汇泉广场 — 第一海水浴场

青岛啤酒、葡萄酒博物馆都坐落在延安一路上，因此可以一起游览，集中了解青岛酒文化、品尝酒的不同味道，还可以买回一些作为纪念品。建议每个博物馆都游玩2小时左右。之后可以去汇泉广场，这里有国内最大的音乐喷泉广场。汇泉广场上的一大特色是放风筝，4、5月份成百上千的风筝爱好者常会聚集于此放风筝，一年一度的风筝会更具特色。最后可以去第一海水浴场，欣赏传统与现代相结合的别墅建筑，体验一下细软的沙滩和清凉的海水带来的凉爽宜人的感觉。

线路6：薛家岛 — 金沙滩

去青岛旅游，薛家岛和金沙滩是不能不去的地方。薛家岛又称"凤凰岛"，位于胶州湾西海岸黄岛区境内。薛家岛临近海边，风景秀丽，各处景观优美迷人，鬼斧神工。金沙滩是我国沙质最细、面积最大、风景最美的沙滩，号称"亚洲第一滩"。沙滩上不仅可以观海景、做沙雕、放风筝，还可以体验许多水上游乐项目，与海水亲密接触。

线路7：巨峰景区 — 太清景区 — 棋盘石景区 — 仰口景区 — 北九水景区

这条线路是崂山旅游线路，至少需要两天时间。第一天早上去巨峰景区看海上日出，欣赏崂山高山区的自然本色和天然之美。之后去太清景区，观赏一下崂山最早的道教祖庭，感受一下道家博大精深的文化。然后可以去游览紧邻太清的棋盘石景区，欣赏景区中的自然景观棋盘石、天然洞窟那罗延窟，以及佛教法严寺等。第二天可以先去位于崂山东北部的仰口景区，太平宫、关帝庙等景点引人入胜。之后去北九水景区，泉水和瀑布会让你眼前一亮。

线路8：信号山公园 — 青岛观象台 — 老舍公园 — 栈桥

早上可以先去信号山公园游玩，欣赏山顶上3个不同高度的红色圆顶蘑菇楼。之后可以去曾以"穹台窥象"之名列青岛市十大景观之一的青岛观象台，这里是学习天文知识的胜地。下午去老舍公园，瞻仰一下一代文学家的风范。之后去青岛的重要标志之一——栈桥。栈桥有着一百多年的历史，她既目睹了青岛的屈辱岁月，也见证了青岛的建设与发展。